Hermann Weinhauer

LANDSER IM WELTKRIEG 6

Kriegsschiff Gneisenau im Seekrieg – Kampfeinsätze

und Siege des bekannten Deutschen Schlachtschiffs

EK-2 Militär

Über die Reihe

Landser im Weltkrieg

Jeder Band dieser Romanreihe erzählt eine fiktionale Geschichte, die vor dem Hintergrund realer Ereignisse und Schlachten im Zweiten Weltkrieg spielt. Im Zentrum der Geschichte steht das Schicksal deutscher Soldaten.

Wir lehnen Krieg und Gewalt ab. Kriege im Allgemeinen und der Zweite Weltkrieg im Besonderen haben unsägliches Leid über Millionen von Menschen gebracht.

Deutsche Soldaten beteiligten sich im Zweiten Weltkrieg an fürchterlichen Verbrechen. Deutsche Soldaten waren aber auch Opfer und Leittragende dieses Konfliktes. Längst nicht jeder ist als glühender Nationalsozialist und Anhänger des Hitler-Regimes in den Kampf gezogen – im Gegenteil hätten Millionen von Deutschen gerne auf die Entbehrungen, den Hunger, die Angst und die seelischen und körperlichen Wunden verzichtet. Sie wünschten sich ein »normales« Leben, einen zivilen Beruf, eine Familie, statt an den Kriegsfronten ums Überleben kämpfen zu müssen. Die Grenzerfahrung des Krieges war für die Erlebnisgeneration epochal und letztlich zog die Mehrheit ihre Motivation aus dem Glauben, durch ihren Einsatz Freunde, Familie und Heimat zu schützen.

Prof. Dr. Sönke Neitzel bescheinigt den deutschen Streitkräften in seinem Buch »Deutsche Krieger« einen bemerkenswerten Zusammenhalt, der bis zum Untergang 1945 weitgehend aufrechterhalten werden konnte. Anhänger des Regimes als auch politisch Indifferente und Gegner der

NS-Politik wurden im Kampf zu Schicksalsgemeinschaften zusammengeschweißt.

Genau diese Schicksalsgemeinschaften nimmt »Landser im Weltkrieg« in den Blick.

Bei den Romanen aus dieser Reihe handelt es sich um gut recherchierte Werke der Unterhaltungsliteratur, mit denen wir uns der Lebenswirklichkeit des Landsers an der Front annähern. Auf diese Weise gelingt es uns hoffentlich, die Weltkriegsgeneration besser zu verstehen und aus ihren Fehlern, aber auch aus ihrer Erfahrung zu lernen.

Nun wünschen wir Ihnen viel Lesevergnügen mit dem vorliegenden Werk.

IHRE ZUFRIEDENHEIT IST UNSER ZIEL!

Liebe Leser, liebe Leserinnen,

zunächst möchten wir uns herzlich bei Ihnen dafür bedanken, dass Sie dieses Buch erworben haben. Wir sind ein kleines Familienunternehmen aus Duisburg und freuen uns riesig über jeden einzelnen Verkauf!

Unser wichtigstes Anliegen ist es, Ihnen ein angenehmes Leseerlebnis zu bieten.

Damit uns dies gelingt, sind wir sehr an Ihrer Meinung interessiert. Haben Sie Anregungen für uns? Verbesserungsvorschläge? Kritik?

Schreiben Sie uns gerne: info@ek2-publishing.com

Nun wünschen wir Ihnen ein angenehmes Leseerlebnis!

Heiko und Jill von EK-2 Militär

Kriegsschiff Gneisenau im Seekrieg

Eine große, unüberschaubare Menschenmenge säumt an diesem sonnigen, doch kalten 8. Dezember des Jahres 1936 das Gelände der Deutschen Werke in Kiel.

Das neueste Schlachtschiff des Deutschen Reiches wird heute an der Helling 1 vom Stapel gelassen.

Neben den Werftarbeitern sind wie immer bei solchen Anlässen wichtige Persönlichkeiten aus Politik, Wirtschaft und Militär anwesend. Es herrscht eine sehr feierliche und ausgelassene Stimmung. Fanfarenklänge ertönen und Marschmusik ist zu hören.

Generaloberst Werner von Fritsch, seines Zeichens Oberbefehlshaber des Heeres, hält die Taufrede des noch als Schlachtschiff *E* bezeichneten Schiffes. Sie alle stehen auf der eigens dafür erbauten Ehrentribüne. Die Tribüne selbst und auch die Zuschauertribünen und Flaggenmasten sind mit großen Hakenkreuzfahnen geschmückt.

Die eigentliche Taufe vollzieht wenig später die Witwe des letzten Kommandanten des kaiserlichen Großen Kreuzers *Gneisenau* Kapitän zur See Maerker.

Sie schließt mit den Worten: „Und so taufe ich dich auf Befehl des Führers auf den Namen *Gneisenau*!"

Schon beim Stapellauf hinterlässt Deutschlands zukünftiges Flottenflaggschiff einen bleibenden Eindruck, da es nicht genug abgebremst werden kann und die gegenüberliegende Kaimauer rammt. Das Schlachtschiff selbst wird nicht nennenswert beschädigt, doch die Mauer wird circa 4 Meter eingedrückt.

Nach der Zeremonie wird die *Gneisenau* zum Ausrüstungskai gebracht, um dort komplett aufgerüstet zu werden. Aufbauten, Funkmessgeräte, Schornstein, Inneneinrichtung, Flugabwehrkanonen aller Kaliber, Mittelartillerie vom Kaliber 15 cm, schwere Artillerie vom Kaliber 28 cm, Elektronik und alles andere, was diese

Ansammlung von Metall, Holz und anderen Stoffen zu einer stählernen Festung auf See macht.

Die Schiffe der Scharnhorst-Klasse wurden als die Panzerschiffe *D* und *E* geplant. Damit sollte das Konzept der Deutschland-Klasse, welches auf *schneller als stärkere und stärker als schnellere* hinauslief, fortgesetzt und erweitert werden.

Doch als man im Marineministerium von der französischen Antwort auf die Deutschland-Klasse in Form der Schlachtkreuzer der Dunkerque-Klasse erfuhr, welche schwerer, größer, schneller und mit 8 x 33 cm-Geschützen in zwei Vierlingstürmen auf dem Vorderdeck schwerer bewaffnet sein würden, stellte man das Konzept in Verkörperung dieser Schiffe in Frage.

Die beiden Panzerschiffe *D* und *E* sollten als Ersatz für die beiden hoffnungslos veralteten Linienschiffe *Elsass* und *Hessen* dienen. Doch verbot das immer noch geltende Versailler Diktat Schiffe über 10.000 Tonnen zu bauen. Nichts desto trotz begann man mit der Planung. Ausgangspunkt war die Vorstellung Admiral Erich Readers von Schiffen mit 15.000 Tonnen bis 18.000 Tonnen und einer Armierung von 9 x 28 cm-Geschützen in drei Drillingstürmen. Die neuen Schiffe müssten einen Gürtelpanzer aufweisen, welcher die Treffer von 33 cm-Granaten überstehen und zumindest eine Dicke von 320 Millimeter aufweisen sollte. Zusätzlich wurden Überlegungen in den Schutz vor Luftangriffen mit Bomben investiert, da es sich mehr und mehr zeigte, welche immense Gefahr dies für Schiffe bedeutet.

Im Sommer 1933 wurde ein Entwurf für eine verbesserte Deutschland-Klasse diskutiert, welche eine Typenverdrängung von 26.000 Tonnen haben sollte. Das Kaliber wurde endgültig, nachdem auch das Kaliber 33 cm zur Diskussion stand, auf 28 cm festgelegt. Der Antrieb sollte, um Gewicht zu sparen, durch neue Hochdruck-Heißdampfanlagen erfolgen.

Auf Grund dieses Konzeptes wurden am 25. Januar 1934 zwei Schiffe in Auftrag gegeben.

Ihre Kiele wurden am 14. Februar 1934 in der Kriegs-marinewerft Wilhelmshaven und bei den Deutschen Werken in Kiel gesteckt.

Da der Entwurf trotz allem stark an die Deutschland-Klasse angelehnt blieb und endgültig mit nur 6 x 28 cm Rohren ausgerüstet werden sollte, was im Vergleich mit der Dunkerque-Klasse recht dürftig war, gab es in Mari-nekreisen sehr viel Unmut und die Forderung nach ei-nem dritten Geschützturm wurde immer lauter. Man wollte keine Schiffe bauen, welche von Anfang an dem potentiellen Gegner Frankreich unterlegen wären.

Dieser Forderung konnte der Führer des Deutschen Reiches Adolf Hitler aus politischen Gründen nicht nachgeben.

Die Weigerung Hitlers war jedoch nur von kurzer Dauer und im Juli 1934 gab er seine Zustimmung für den Einbau eines dritten Drillingsturms.

Daraufhin wurde ein sofortiger Baustopp für die bei-den Schiffe befohlen und ein entsprechend neuer Ent-wurf wurde erarbeitet.

Bereits im Frühjahr 1935 war dieser Entwurf ausgear-beitet und die vorherigen Panzerschiffe *D* und *E* wurden nun im Mai und Juni als Schlachtschiffe *D* und *E* ein zweites Mal auf Kiel gelegt. Die letztendliche Wasser-verdrängung betrug nun 35.540 Tonnen, die Bewaff-nung bestand aus 9 x 28, 3 cm-Geschützen in drei Dril-lingstürmen mit einer Maximalreichweite von 39.800 Metern, wobei zwei vorne und einer achtern un-tergebracht wurden. Beim Bau der Schiff wurde die Op-

tion einer späteren Aufrüstung auf 3 x 38 cm-Zwillings-
türme von Anfang an mit eingeplant. Bei der Größe und
Verdrängung der Schiffe war dies ohne Probleme möglich, doch waren die Geschütze größeren Kalibers noch
nicht reif für den Einsatz und die Indienststellung der
beiden Einheiten hätte sich um mindestens ein Jahr,
wenn nicht gar fast zwei Jahre verzögert.

Nach der friedensmäßigen Planung sollte die Umrüs-
tung im Winter 1940/41 erfolgen. Das wäre kurz nach
der Indienststellung der *Bismarck* gewesen.

Die Mittelartillerie sollte ursprünglich aus zwölf Geschützen in sechs Doppellafetten bestehen. Doch aus
Gründen der Gewichtseinsparung entschied man sich
für nur vier Geschütze in Doppeltürmen. Die restlichen
vier Rohre standen in Einzellafetten mit nach hinten of-
fenem Schild. Bei den Doppellafetten entschied man sich
für die Standard 15 cm SK L/55 C/34 mit einer maxima-
len Reichweite von 23.000 Meter und für die Einzelge-
schütze nahm man die 15 cm SK L/ 55 C/35 mit einer
etwas geringeren Reichweite.

Beide Modelle besaßen jedoch keine Luftzielfähigkeit.
Eben diese Aufgabe sollte die schwere Flak übernehmen. Sie bestand aus 14 x 10,5 cm Flak SK L/65 C/33 in
sieben Doppellafetten. Je drei mittschiffs, beiderseits des
Schornsteins. Die siebente Doppellafette stand mittschiffs vor dem achtern 28 cm Turm auf dem Aufbaudeck. Diese Geschütze hatten eine maximale Reichweite
von 12.500 Meter. Bei dieser Klasse wurde auch zum ersten Mal ein komplettes Flak-Feuerleitsystem eingesetzt.
Es bestand aus vier voll stabilisierten Flugabwehr-Leit-
ständen SL 6, welche jeweils beiderseits des Turmmastes
und des Schornsteins eingebaut wurden. Die leichte
Flugabwehr-Waffe bestand aus 16 x 3,7 cm-Flak in Doppellafetten und 10 x 2 cm-Flak in Einzellafetten.

Beide Einheiten der Scharnhorst-Klasse sollten keine Torpedobewaffnung erhalten.

Sie bekamen jedoch eine Flugzeughalle und zwei Katapulte. Eines wurde vor dem achtern Artillerieleitstand installiert und das zweite auf dem Turm *Cesar*.

Als Ausstattung wurden Heinkel He 60 verwendet, welche ursprünglich durch die He 114 ersetzt werden sollten, doch entschied man sich für das Standardbordflugzeug der Kriegsmarine, der Arado Ar 196.

Die eingebaute Hochdruck-Heißdampfanlage ermöglichte den Schiffen eine rechnerische Höchstgeschwindigkeit von 32 Knoten, welche bei Probe- und Ausbildungsfahrten mehrmals gebrochen wurde. Die drei Turbinensätze hatten einen Turbinendruck von 44 atü und eine Dampftemperatur von 4.700 Grad Celsius. Sie erzeugten je eine Leistung von 53.350 Wellen-PS, also eine Gesamtleistung von 160.050 WPS. Sie waren die leistungsstärksten Anlagen, welche je auf einem deutschen Kriegsschiff installiert wurden. Selbst die Turbinen der später gebauten Schlachtschiffe *Bismarck* und *Tirpitz* erreichten nicht diese technischen Parameter.

Auch bei der Panzerung und der Grundkonstruktion verblieb man beim bewährten Konzept der Deutschen Marine, welches dem Faktor Standfestigkeit den absoluten Vorrang vor allem gab. Dieses Konzept wurde durch den Verzicht auf ein stärkeres Kaliber noch verstärkt, denn nun konnte man das dadurch eingesparte Gewicht in einen noch besseren Panzerschutz investieren.

Bei den beiden Schiffen der Scharnhorst-Klasse wurde erstmals das neu entwickelte Panzermaterial *Wotan hart* (Wh) und *Wotan weich* (Ww) verwendet. Diese Baustoffe ersetzten den bisherigen Schiffbaustahl in den Bereichen Außenhaut und Horizontalschutz.

Der Hauptpanzergürtel war mit 350 Millimeter Dicke und 5 Metern Breite stark genug, um 33 Zentimeter-Geschossen Stand zu halten, also den Hauptgeschützen der französischen Dunkerque-Klasse zu widerstehen.

Die Indienststellung des Schlachtschiffes *Gneisenau* erfolgt am 21. Mai 1938, noch vor dem Typschiff, der *Scharnhorst*.

Doch ist das Schiff bei weitem noch nicht fertiggestellt. Die Sudetenkrise und die damit einhergehende, sehr angespannte politische Lage empfehlen dieses Datum der Indienststellung, da Deutschland dringend Einsatzbereitschaft und Stärke auch zur See demonstrieren muss. Erst im Juni erhält sie ihre vorderen Flugabwehr-Leitstände.

Anfang August 1938 unternimmt sie eine Erprobungsfahrt in nördliche Gewässer und in den Nordatlantik. Nach ihrer Rückkehr fungiert sie bei der Kieler Flottenparade am 22. August 1938 zu Ehren der Indienststellung des schweren Kreuzers *Prinz Eugen* als Flottenflaggschiff. Diese Indienststellung fällt zusammen mit dem Staatsbesuch des ungarischen Reichsverwesers Admiral Nikolaus Horthy von Nagybanya. Dementsprechend groß wird dieses Ereignis inszeniert. Bei dieser Gelegenheit inspiziert der Führer Adolf Hitler das neue deutsche Flottenflaggschiff etwas genauer. Die Führerstandarte wird am Hauptmast als sichtbares Zeichen der Anwesenheit Hitlers gehisst. Auch der ungarische Regent lässt sich die Gelegenheit einer genaueren Betrachtung des Schiffes nicht entgehen. Ihm zu Ehren weht auch die ungarische Nationalflagge am Hauptmast. Nach der Flottenparade geht die *Gneisenau* für Rest- und Umbauarbeiten nochmals in Kiel in die Werft. Unter anderem hat sich bei der ersten Erprobungsfahrt gezeigt, dass der Bug für Atlantikunternehmungen nicht geeignet ist. Es kommt dermaßen viel Seewasser über, dass der Einsatz des Turms *Anton* stark eingeschränkt ist und es durch eindringendes Seewasser zu Kurzschlüssen in den elektronischen Bedienelementen kommt, so dass der Geschützturm sogar teilweise komplett ausfällt.

Daher wird in der Werft ein neuer Atlantikbug angebaut, auch neue Decksklüsen für die Anker werden installiert, welche das Spritzwasser nochmals reduzieren.

Der Schornstein erhält eine große Schrägklappe.

Nach diesen Rest- und Umbauarbeiten geht es vom 12. Juni 1939 bis zum 28. Juli 1939 zu einer Ausbildungsreise zusammen mit dem Trossschiff *Westerwald* in den Mittelatlantik.

Im Rahmen dieser Fahrt wird Anfang Juli auch der spanische Hafen Las Palmas auf Gran Canaria besucht.

Während der Ausbildungsfahrt wird mehrfach ein Übungs- und Manöverschießen veranstaltet, wobei es durch den Luftdruck und die Erschütterungen zu Beschädigungen kommt.

Nach dieser Fahrt kehrt die *Gneisenau* ohne weitere Vorkommnisse nach Deutschland zurück.

Den Ausbruch des Krieges erleben die Männer der *Gneisenau* zusammen mit den Kameraden ihres Schwesterschiffes *Scharnhorst* bei Brunsbüttel, als sie in der Elbe vor Anker liegen.

Kapitän zur See Erich Förste, welcher vor dem Kommando der *Gneisenau* Kommandant des leichten Kreuzers *Karlsruhe* war, teilt am 1. September 1939 der angetretenen Besatzung, von der ebenfalls ein erheblicher Teil von der *Karlsruhe* kommt, den Beginn der Feindseligkeiten gegen Polen mit.

Am 3. September 1939 muss er seiner nun 1.700 Mann starken Mannschaft vom Kriegszustand mit Großbritannien und Frankreich berichten.

Der Krieg, vor allem gegen Großbritannien, kommt für die junge Kriegsmarine überraschend und trifft sie genau in ihrer Aufbauphase. Sie ist noch keineswegs für einen Waffengang gegen die mächtigste Flotte der Welt bereit. Dementsprechend lautet auch ein Tagebucheintrag in das Kriegstagebuch der Seekriegsleitung:

„Was die Kriegsmarine anbetrifft, so ist sie selbstverständlich im Herbst 1939 noch keineswegs für den großen Kampf mit England hinreichend gerüstet. Sie hat zwar in der kurzen Zeit seit 1935 eine gut ausgebildete, zweckmäßig aufgebaute U-Bootswaffe geschaffen, von der zur Zeit ca. 26 Boote atlantikfähig sind, die aber trotzdem noch viel zu schwach ist, um ihrerseits kriegsentscheidend zu wirken. Die Überwasserstreitkräfte aber sind noch so gering an Zahl und Stärke gegenüber der englischen Flotte, dass sie - vollen Einsatz vorausgesetzt - nur zeigen können, dass sie mit Anstand zu sterben verstehen und damit die Grundlage für einen späteren Wiederaufbau zu schaffen gewillt sind."

In der Folgezeit werden diese Veränderungen vorgenommen:

- Die Kraft- und Ruderboote werden von Bord gegeben.
- Das mobilmachungsmäßige Personal kommt an Bord.
- Übungsmunition wird von Bord gebracht.
- Gefechtsmunition wird an Bord gebracht und aufgefüllt.

– Die Mützenbänder mit der Aufschrift *Gneisenau* werden abgelegt und durch neutrale Mützenbänder mit der Aufschrift *Kriegsmarine* ersetzt.
– Das Schiffswappen am Bug wird entfernt.

Bereits am 4. September 1939 findet ein erster Angriff von drei zweimotorigen britischen Bombern gegen das Schiff statt.

Der 8. September 1939 sieht die *Gneisenau* auf dem Marsch durch den Kaiser-Wilhelm-Kanal Richtung Osten. Sie soll dort die Präsenz der Kriegsmarine in der Ostsee verstärken und einen Durchbruch polnischer Seestreitkräfte nach Westen in Richtung England verhindern.

Durch den Ausfall der Backbord-Maschine, der durch Bordmittel nicht behoben werden kann und die Gefechtstauglichkeit deutlich herabsetzt, muss dieses Unternehmen jedoch wieder abgebrochen werden. Die *Gneisenau* geht nach Kiel in die Werft, um den Schaden schnellstmöglich wieder beheben zu lassen.

Nach einer relativ kurzen Werftliegezeit folgen intensive Gefechtsübungen in der Ostsee.

Am 7. Oktober 1939 läuft die *Gneisenau* zusammen mit dem leichten Kreuzer *Köln* und den Zerstörern *Wilhelm Heidkamp, Friedrich Ihn, Diether von Roeder, Karl Galster, Max Schulz, Paul Jacobi, Bernd von Arnim, Erich Steinbrink* und *Friedrich Eckoldt* in die nördliche Nordsee. Die Aufgabe des Verbands ist die offensive Aufklärung. Dabei sollen die Einheiten absichtlich die Aufmerksamkeit größerer britischer Flottenteile auf sich ziehen. Diese sollen dann in den Wirkungsbereich der deutschen Luftwaffe gelockt werden. Auch steht eine U-Boot-Sperrlinie bereit, um die erhofften schweren Einheiten der britischen Homefleet auflaufen zu lassen und diese dann zu versenken.

Der deutsche Flottenverband wird zwar von der britischen Seeaufklärung ausgemacht, doch reagiert die britische Admiralität nicht auf diese Provokation.

Der deutsche Verband läuft am 9. Oktober 1939, ohne Feindberührung gehabt zu haben wieder in den Hafen ein.

Die *Gneisenau* unter ihrem Kommandanten Kapitän zur See Netzbandt verlässt zusammen mit ihrem Schwesterschiff *Scharnhorst* unter Kapitän zur See C.K. Hoffmann am 21. November 1939 Schillig Reede zu einem Vorstoß nach Norden. Der Verband steht unter dem Kommando von Admiral Marschall, welcher sich mit seinem Stab auf der *Gneisenau* eingeschifft hat.

Die Aufgabe des Verbandes ist es, englische Bewachungskräfte in der See-Enge zwischen Färöern und Island zu stellen und zu vernichten. Danach soll nach Möglichkeit weiter nach Westen gestoßen werden, um dort aufzuklären und gegebenenfalls deutsche Blockadebrecher beim Durchbruch zu unterstützen und in die Heimat zu geleiten.

Sehr starker Nordsturm zwingt den Verband vorerst, die Marschgeschwindigkeit auf 20 Knoten herabzusetzen.

Als der Flottenverband gegen 16 Uhr des 23. Novembers 1939 einen Punkt circa 145 Seemeilen nordwestlich der Färöer Inseln erreicht hat, kommt eine Rauchfahne am Horizont in Sicht. Nach Standort und Bewegung wird der Gegner, ein großer, grau gestrichener Passagierdampfer als Hilfskreuzer angesprochen.

Die *Scharnhorst* bekommt Befehl einen Warnschuss abzusetzen, um den Gegner nach Möglichkeiten ohne Waffengewalt und somit ohne unvermeidbare Menschenverluste aufzubrauchen oder vielleicht als Prise zu übernehmen.

Nach dem Warnschuss läuft der Hilfskreuzer jedoch ab und nebelt sich durch Schornsteinqualm und über Bord geworfene Nebelfässer ab.

Admiral Marschall lässt nun das Feuer durch die *Scharnhorst* eröffnen. Der Hilfskreuzer versucht sich diesem Artilleriefeuer durch häufige Kursänderungen zu entziehen.

Das Feuer der *Scharnhorst*, welche in Dwarslinie zum Gegner steht, ist schnell deckend und daher sehr wirkungsvoll. Die *Gneisenau* hat eine mehr exponierte Stellung und kann daher erst später wirkungsvoll eingreifen.

Der Gegner, welcher 16.601 Bruttoregistertonnen aufweist und mit 8 x 15 cm Geschützen ausgerüstet ist, stellt sich später als der Passagierdampfer *Rawalpindi* der P&O-Linie heraus, welcher ursprünglich zwischen England und Ostasien verkehrte.

Durch das gezielte, schnell deckend liegende Feuer der beiden deutschen Schlachtschiffe versinkt der sich tapfer wehrende Gegner binnen 14 Minuten in den eisigen Fluten der nördlichen Nordsee.

Die Besatzung zeigt sich hart und tapfer. Immer wieder sieht man zwischen den brennenden Schiffsteilen das Aufblitzen seiner Geschütze. Letztendlich musste dieser tapfere, zähe Gegner jedoch den überlegenen Waffen der schweren deutschen Schiffe unterliegen.

Ein längsseits kommendes Boot mit Überlebenden wird auf der *Gneisenau* in Empfang genommen und die Männer mit Jacobsleitern an Bord geholt.

Der größte Teil der feindlichen Besatzung geht jedoch mit ihrem Schiff unter.

Beim ersten Sichten der beiden deutschen Schiffe hat die *Rawalpindi* Alarm gegeben und die Flottenführung in Scapa Flow und weitere in See befindliche Einheiten unterrichtet.

Obwohl Admiral Marschall in dieser Nacht ein erhebliches Stück weiter in die Nordsee hinein hätte laufen können, entscheidet er sich vorerst nach Osten und dann erst nach Norden zu laufen, um nicht schon frühzeitig von der englischen Luftaufklärung erfasst zu werden. Zunächst verhält er sich mit seiner Kampfgruppe im Seeraum von etwa 66 Grad Nord und 5 Grad Ost, marschiert dann nach Süden zum Durchbruch durch die erwartete britische Aufklärungslinie.

Doch am 25. November um 17 Uhr deutscher Zeit macht er noch einmal kehrt nach Norden, da die Wetterverhältnisse für einen geplanten Durchbruch zu ungünstig scheinen.

Wie erhofft wird die Wetterlage mit südlichem Wind in einer Stärke von 8 bis 10 günstiger und so laufen die beiden Großkampfschiffe mit hoher Fahrt nach Süden.

Es wird kein Gegner gesichtet. Nur einige in der schweren, hohen See arbeitende Fischkutter und in weiter Ferne ein kleiner Dampfer unbekannter Nationalität.

Mit hoher Fahrt gegen eine schwere See ankämpfend, nehmen die *Gneisenau* und die *Scharnhorst* viel Wasser über.

Auf beiden Schiffen fallen die Türme *Anton* durch eindringendes Wasser und daraus resultierende Kurzschlüsse aus. Auch andere Seeschäden werden festgestellt.

Diese nicht hinnehmbaren Schäden und Einschränkungen stärken Admiral Marschall bei seinem Entschluss, den Rückweg anzutreten und heimische Gewässer anzulaufen.

Die Schiffe erreichen ohne Feindberührung deutsche Gewässer und ankern am 27. November mittags auf Wilhelmshaven Reede.

Während die *Scharnhorst* in Wilhelmshaven verbleibt, um die erlittenen Seeschäden reparieren zu lassen, durchfährt die *Gneisenau* den Kaiser-Wilhelm-Kanal, um Kiel zu erreichen und ihrerseits die erlittenen Seeschäden beseitigen zu lassen.

Dort erledigt sie gleichzeitig eine planmäßige Werftüberholung.

Am 15. Dezember geht die *Gneisenau* ins Schwimmdock, um neue Schrauben eingesetzt zu bekommen und kleinere Reparaturen durchführen zu lassen, was am 29. Dezember 1939 beendet ist.

Der 3. Januar 1940 sieht die *Gneisenau* im Scheerhafen zum Abstimmen der Artillerieanlage. Dies dauert acht Tage.

Danach folgen Gefechtsübungen in der Kieler Bucht.

Am 2. Januar 1940 läuft die *Gneisenau* zusammen mit ihrem Schwesterschiff *Scharnhorst* nach Osten. Es ist Meilenfahrt vor Neukrug auf der Frischen Nehrung geplant. Anschließend wird ein Kaliberschießen durchgeführt und der Rückmarsch nach Kiel angetreten.

Das Schlachtschiff boxt sich mühsam durch das dicke Eis des Hafens und bleibt dann unterhalb des Hotels *Bellevue* liegen.

Nach zwei Tagen gelingt es endlich, das Schiff langsam im dicken Eis zu drehen und in die Schleuse hinein zu steuern, um nach Wilhelmshaven zu gelangen.

Am 6. Februar 1940 kommt die *Gneisenau* endlich in Wilhelmshaven an.
Ein unregelmäßiges Schraubengeräusch deutet darauf hin, dass bei der Überfahrt die Steuerbordschraube beschädigt wurde.

Die *Gneisenau* dockt am 10. Februar ein. Am folgenden Tag wird klar, dass beide Außenschrauben verbogen und größere Teile herausgerissen wurden.

Erst am 15. Februar 1940, nachdem beide Schrauben ausgewechselt wurden, dockt die *Gneisenau* wieder aus.

Am 16. Februar verholt das Großkampfschiff in die dritte Einfahrt und füllt seinen Ölbestand auf.
Die Decken der drei 28 cm-Türme werden gelb gestrichen.
Nachmittags steigt die Flotte mit Unterstab ein.
Gleichzeitig steigen die chinesischen Wäscher für die Dauer der folgenden Unternehmung auf das dem Flaggschiff zugeteilte Hilfsschiff *Gazelle* um. Das deutsche Zivilpersonal wie zum Beispiel Frisöre, Schuster und andere verbleibt an Bord.
Nach Einbruch der Dämmerung läuft die *Gneisenau* aus und ankert vor Wangerooge.

Am Mittag des 18. Februar 1940 geht die *Gneisenau* unter Kapitän zur See Harald Netzbandt ankerauf und es beginnt das Unternehmen *Nordmark*.

Der Verband für das Unternehmen besteht aus den beiden Schlachtschiffen *Gneisenau* und *Scharnhorst*, dem schweren Kreuzer *Admiral Hipper* und den Zerstörern *Wilhelm Heidkamp*, *Karl Galster* und *Wolfgang Zenker*. Außerdem waren noch vier weitere Zerstörer am Vorstoß beteiligt, die sich jedoch im weiteren Verlauf zu einem eigenen Handelskriegsunternehmen im Kattegat trennten.

Mit 25 Knoten Marschgeschwindigkeit stampft die Gruppe nach Norden. Am Abend muss die *Wolfgang Zenker* jedoch wegen plötzlichen starken Wassereinbruchs in einer Abteilung umdrehen und das Unternehmen vorzeitig abbrechen.

Für die restliche Kampfgruppe geht es bei sehr heller Nacht weiter nach Norden durch die Shetland-Enge.

Bei Morgengrauen wird zu Tarnzwecken die britische Kriegsflagge gesetzt.

Vormittags werden von beiden Schlachtschiffen Bordflugzeuge abgesetzt, um aufzuklären. Beide kommen ohne Ergebnisse zurück.

Nachmittags wird der Befehl zum Rückmarsch gegeben, da mit feindlichen Geleitzügen nicht mehr zu rechnen ist und Rücksicht auf die Brennstofflage der Zerstörer genommen werden muss.

Nachts gibt es Alarm, da ein Unterseeboot gesichtet wird, welches schnell abtaucht.

Der Zerstörer *Wilhelm Heidkamp* belegt es mit Wasserbomben. Ein Erfolg kann nicht beobachtet werden.

Bei Tagesanbruch wird der Verband durch drei weitere Zerstörer aufgenommen.

Der Rückmarsch verläuft ohne Zwischenfälle. Am Abend bei Hochwasser erfolgt die Einschleusung in Wilhelmshaven. Da der normale Liegeplatz am Fliegerdeich nicht genügend Wasser hat, muss in der Schleuse an einem Tanker Öl abgegeben werden.

Am 22. Februar 1940 nimmt ein Kran die achtere Flugzeugschleuder, die auf der Decke des Turms *Cäsar* montiert war, von Bord. Auch der große Umsetzkran achtern, der zur Bedienung der Schleuder gehört, wird demontiert.

Die *Gneisenau* verbleibt für einige Tage auf Schilling Reede zum Flakschießen.

Um 0.30 Uhr am 7. April 1940 wird die *Gneisenau* seeklar gemeldet. Ausgelaufen wird wieder zusammen mit der *Scharnhorst*.

Auf See kommen der schwere Kreuzer *Admiral Hipper* und 14 Zerstörer aus der Weser hinzu. Jeder der Zerstörer hat 200 Gebirgsjäger an Bord. Auf *Admiral Hipper* sind allein 975 Gebirgsjäger sowie 200 Mann Fliegerbodenpersonal und ein Marineinfanterie-Stoßtrupp eingeschifft.

Der Kommandant Kapitän zur See Harald Netzbandt gibt über Bordlautsprecher bekannt, dass deutsche Truppen in verschiedene norwegische und dänische Häfen am 9. April 1940 um 5 Uhr gelandet werden sollen.

Unter dem Schutz der *Scharnhorst* und der *Gneisenau* werden zehn Zerstörer unter Führung von Kommodore Friedrich Bonte bis zum Vestfjord südlich der Lofoten und dann allein nach Narvik zur Durchführung ihrer Aufgaben gehen, während die *Admiral Hipper* mit Konteradmiral Schmundt an Bord und vier Zerstörern Drontheim besetzt.

Zunächst ist das Wetter gut. Die Sichtweite liegt bei 4.000 bis 20.000 Meter. Nachmittags frischt es etwas auf mit gleichzeitiger Sichtverschlechterung.

Um 14.30 Uhr greifen zwölf englische Bomber an. Sie fliegen von Osten nach Westen an und werfen mehrere Bomben, treffen jedoch nicht.

Der Wind brist erheblich auf. Bei Windstärke 8 dreht er nach Süden. Die Nacht ist sehr dunkel, es herrscht Neumond.

Der Verband steht um 22 Uhr westlich von Bergen. Die Formation steht wie folgt:

Die drei schweren Einheiten, dahinter in Kiellinie die 14 Zerstörer. Am nächsten Morgen gegen 6 Uhr steht der Verband auf der Höhe von Drontheim, circa 30 Seemeilen von der Küste entfernt.

Abends herrscht starker Nordwest-Sturm mit Schnee und Regen.

„Scheußliches Wetter", brummt Kapitän zur See Netzbandt, als eine Gischtfahne wie ein Hagelschauer gegen die Brückenfenster prasselt. „Na, wenigstens haben die Engländer das gleiche Problem und den Durchbruch durch die Bergen-Shetland-Enge haben wir ja wohl geschafft."

Die Offiziere im Steuerstand der *Gneisenau* nicken zustimmend. Ihr Kommandant hat recht. In dem Seegebiet zwischen den Shetland-Inseln und Bergen waren sie auf der Höhe der britischen Flottenstützpunkte, quasi auf dem Exerzierplatz der Royal Navy.

Hier hätten sie jederzeit auf schwere Einheiten des Gegners treffen können. Aber das hatten Sturm und Seegang verhindert.

„Von Hans Lüdemann an Flotte", meldet der UK-Posten. „Zerstörer in 75 Grad – Nationalität unbekannt."

Der Navigationsoffizier der *Gneisenau* Korvettenkapitän Eberhard Busch hat einen kurzen Blick auf die Seekarte geworfen

„Wenn er bei dem Wetter und der Sicht den Zerstörer in 75 Grad ausgemacht hat, dürfte der etwa zehn Meilen achteraus stehen."

„Lüdemann an Flotte", unterbricht der UK-Posten erneut. „Gemeldeter Zerstörer anscheinend Engländer."

Kapitän zur See Netzbandt kneift die Augen ärgerlich zusammen.

Die Meldung verheißt nichts Gutes.

Wenn der von Z 18 gemeldete Zerstörer tatsächlich ein Engländer ist, dann bleibt die Frage, ob er allein Aufklärung fährt oder zur Vorhut einer größeren Einheit zählt.

Das Telefonklingeln unterbricht seine Gedankengänge.

Der Brückenmaat hebt den Hörer ab.

„Der Admiral, Herr Kapitän."

Der Kommandant greift zum Hörer und lauscht.

Vizeadmiral Günther Lütjens als Flottenchef in Vertretung des erkrankten Admirals Marschall mit seinem Stab auf der Admiralsbrücke, hat nach den UK-Meldungen des eigenen Zerstörers eine Entscheidung getroffen.

„Lassen Sie Flaggensignal vorheißen, Netzbandt. Fahrt 20 Seemeilen!"

Also muss der Verband seine Fahrt um 5 Knoten verringern. Dennoch hatte der Flottenchef recht. Falls Z 18 Hilfe benötigen würde, durfte der Verband nicht zu weit entfernt stehen.

Um 9.27 Uhr meldet der Zerstörer: „An Flotte: *Bernd von Arnim* befindet sich im Gefecht mit englischem Zerstörer."

Admiral Lütjens auf der *Gneisenau* reagiert sofort.

„Über UK an *Hipper*: Kehrtmachen! Fühlung suchen mit *Bernd von Arnim*, der im Gefecht mit englischem Zerstörer steht – Morsespruch an alle Einheiten: Kriegsmarschzustand 1, Kriegsmarschfahrstufe 26 Seemeilen!"

Jetzt, da der schwere Kreuzer *Admiral Hipper* zur Hilfe des Zerstörers *Bernd von Arnim* entsandt worden war, lässt der Flottenchef wieder mit der Fahrt hochgehen. Der schnelle Kreuzer würde nach der Erledigung seiner Aufgabe den weitermarschierenden Verband problemlos wieder erreichen.

Dennoch wird es 11.10 Uhr, bis der erlösende Funkspruch des Kreuzers auf dem Flaggschiff eingeht: „An Flotte: Fühlungshalter versenkt!"

Was Lütjens jedoch noch nicht weiß – der schwere Kreuzer ist beschädigt. Er wurde vom britischen Zerstörer vor seinem Untergang noch gerammt. Der schwere Kreuzer hat einen Riss von 40 Meter Länge und 528 Tonnen Wasser im Schiff.

Der deutsche Verband marschiert weiter nach Norden.

Gegen 19 Uhr dreht der Wind auf Nordwest und trifft den Verband mit voller Wucht schräg von vorne. Im Verlauf des Abends wächst er zur Orkanstärke heran. Der in Kiellinie fahrende Verband muss in den Wind drehen, um auf Kurs zu bleiben.

Die begleitenden Zerstörer erleiden Seeschäden. Männer und Ausrüstungsgegenstände werden über Bord gespült.

Um 21 Uhr wird der Führer der Zerstörer (FdZ) mit seinen Einheiten nach Richtung Narvik entlassen. Die beiden Schlachtschiffe stehen nachts mit geringer Fahrt von der Küste ab, mit generellem Kurs Nord um, falls es notwendig wird einzugreifen.

Ab dem 9. April 1940 um 5 Uhr ist *Weserzeit*. Dies ist die Zeit, zu der nach Plan die entsprechenden Schiffe in die vorgesehenen Häfen einzulaufen haben.

Backbord querab wird ein großes Schiff durch den großen Entfernungsmesser mit seiner Basislänge von 10,50 Metern in der beginnenden Dämmerung gesichtet. Kapitän zur See Netzbandt schlägt den Mantelkragen seines Wachmantels hoch und tritt hinaus auf die Brücke. Sofort peitschen ihm Schnee und salzige Gischt ins Gesicht und stechen wie Nadeln in die wenigen frei liegenden Hautpartien, die der dicke Wollschal vom Gesicht des Kommandanten noch frei lässt.

„Sieht aus wie ein Tanker, Herr Kapitän", brummt ihm der Ausguck an dem fest eingebauten Brückenglas ins Ohr.

Sekundenlang beobachtet er weiter, dann verbessert er sich schnell: „Kein Tanker, Herr Kapitän. Das ist eher ein Schlachtschiff der Nelson-Klasse! Erkennbar sehr lange Back, nach achtern gerückte Brücke!"

„Alarm! Klarschiff zum Gefecht!", schreit Netzbandt.

Alarmglocken ertönen durch das Schiff.

Sie reißen die Freiwachen hoch.

Hastiges, minutenlanges Gedränge an den wenigen Alarmniedergängen, dumpfes Schlagen von Schottüren – dann plötzlich Stille, bis auf das Heulen des Sturmes und das dröhnende Krachen der Brecher gegen Rumpf und Brücke.

Die Schiffsführung hat in den vorderen Kommandostand gewechselt.

Kapitän zur See Netzbandt steht an einem der Periskope, deren Optiken aus der Decke des dick gepanzerten Standes herausragen und versucht in 250 Grad etwas zu erkennen.

Aber alles was er sieht, ist die schmutzig-graue von Schneeböen verwaschene Wasserfläche.

Plötzlich um 5.05 Uhr ist das Aufblitzen der ersten Salven des Gegners zu erkennen.

„Gegner hat Feuer eröffnet!", kommt auch prompt die Meldung auf dem Gefechtsstand an.

Der Kommandant wartet ungeduldig, dass auch sein Schiff endlich gefechtsklar ist.

„Von Eins AO, Herr Kapitän: Aufschläge etwa 300 bis 500 Meter Steuerbord querab."

Demnach liegt die erste Salve des Gegners zu weit. Netzbandt hat auch nicht vor, sie näher an sein Schiff herankommen zu lassen.

„An Maschine: Auf 25 Knoten gehen!"

„Von Vormars, Herr Kapitän: Gegner feuert zweite Salve!"

Netzbandt hat es mitbekommen, hat es durch das Periskop in der vorderen Turmgruppe des Gegners aufblitzen sehen.

Wie riesige Ofentüren, die schnell geöffnet und wieder geschlossen wurden. Jedoch nur zweimal. Die Nelson-Klasse hat jedoch Drillingstürme. Ihm kommen Zweifel, dass es sich tatsächlich um Nelson handelt.

„Von Flotte, Herr Kapitän: Vier Dez Steuerbord auf 3-5-0 Grad gehen!"

Ein UK-Befehl von der Admiralsbrücke, der auch für die *Scharnhorst* gilt, denn als Flottenchef führt Admiral Lütjens den Verband, während die Schiffsführung stets in den Händen der Kommandanten bleibt.

„Von Eins AO, Herr Kapitän: Gegner ist Schlachtkreuzer der Renown-Klasse. Artillerie klar – Frage: Feuereröffnung?"

„Feuer frei!"

Die Artillerie der *Gneisenau* erwidert das Feuer um 5.11 Uhr. Um 5.17 Uhr sieht der Kommandant durch das Periskop im gepanzerten Leitstand, dass es beim Gegner am Vorschiff aufblitzt. Eine länglich-ovale Stichflamme schießt empor.

Harald Netzbandt schnappt sich den Telefonhörer im Leitstand und gibt an den ersten Artillerie-Offizier Fregattenkapitän Hans-Georg von Buchka oben im Vormars durch: „Ihr Feuer liegt gut. Gib ihm!"

Doch es erfolgt keine Antwort.

In Erwartung der nächsten Salve kneift der Kommandant die Augen zusammen, doch es fällt kein Schuss mehr.

Kurz darauf kommt eine Meldung: „Artillerieleitung aus Vormars ausgefallen!"

Durch einen Treffer in den unteren Teil des Vormarses haben Granatsplitter und heraus gestanzte Eisenteile des Vormars-Aufbaus den ersten Artillerie-Offizier Fregattenkapitän von Buchka und Leutnant Fritzsche mit vier weiteren Männern getötet sowie zwei Mann schwer verwundet.

Gleichzeitig ist es im vorderen Artillerieleitstand, von dem aus die Mittelartillerie, bei Bedarf aber auch die schwere Artillerie geleitet wird, plötzlich dunkel geworden. Splitterteile haben beim Treffer durch den Vormars auch die Optiken des vorderen und des Backbord-Zielgebers zerstört.

Netzbandt steht wie versteinert da. Er blickt wieder durch das Periskop. Schemenhaft sieht er den langen, hochragenden Steven des Gegners und wie er sich durch das Wasser wühlt.

Auch die *Renown* arbeitet schwer in der hochgehenden See. Aber der feindliche Schlachtkreuzer schießt und das in schnellem Salventakt.

Aus diesen Gründen bleibt nur übrig, die Seezielartillerie auf die Zielgeber des achteren Standes zu schalten. Von dort aus führt der dritte Artillerieoffizier Korvettenkapitän Bredenbreuker das Gefecht fort.

Ein Stoß geht durch das deutsche Schlachtschiff, der achtere Turm *Cesar* hat eine Vollsalve gefeuert.

Momentan kann das deutsche Schlachtschiff nur Salven mit dem Turm *Cäsar* schießen, da der Gegner langsam achteraus sackt. Auf den Männern dieses Turms liegt nun die Hauptlast des Gefechts und alle 84 Mann der Besatzung scheinen dies auch zu wissen.

Mit den hydraulisch betriebenen Aufzügen werden die 28 cm-Granaten und die großen Kartuschen aus den tief im Bauch des Schiffes gelagerten Munitionskammern nach oben zum Turm befördert.

Dort werden die 15 Meter langen Rohre gerade wieder zum Beladen bereit gemacht.

Sie werden vom Turmgeschützführer wieder in Ladestellung gefahren, die Verschlüsse fliegen auf und die abgefeuerten Kartuschen werden durch die Hülsenauswurfschächte nach draußen befördert. Die neuen Geschosse, die schon auf den Lademulden hinter den tonnenschweren Bodenstücken warten, werden von den hydraulisch arbeitenden Ansetzern in die Rohre gestoßen. Die Verschlüsse klicken zu, die Rohre fahren wieder in Feuerstellung.

Die beiden vorderen Türme bei dieser achteren Schussrichtung in Hartlage können in das Gefecht daher nicht mehr eingreifen.

Der zweite Artillerieoffizier Korvettenkapitän Kähler übernimmt nach dem Tode des Leitenden Artillerieoffiziers die Gesamtleitung der Artillerie.

Eine weitere Salve des Gegners röhrt heran und schlägt in unmittelbarer Nähe zur *Gneisenau* ein. Zwischen die großen, turmhohen Aufschläge der feindlichen 38,1 cm-Granaten mischen sich kleinere Geysire, ein sicheres Zeichen, dass die *Renown* auch ihre Mittelartillerie einsetzt.

Ein leichter Stoß – Klirren von Sprengstücken – Treffer?

„Von Artillerie, Herr Kapitän: Treffer E-Meß-Haube Turm *Anton*. Turm hat schweren Wassereinbruch. Mittelartillerietreffer Backbord-Haubenblende, Abschlussdeckel des Ausblicks abgeschlagen. Wasser kommt durch offene Haubenblende in den Turm. Lenzmittel sind angefordert."

Damit fällt der vordere Drillingsturm erst einmal aus, aber das ist ohnehin eine alte Kinderkrankheit der beiden deutschen Schlachtschiffe. Schon bei Seegang 5 und Windstärke 6 bis 7 nimmt das Vorschiff so viel Wasser über, dass zumindest der vordere Turm *Anton* infolge Wassereinbruchs durch die Schartenöffnungen stets behindert wird und im Gefecht zeitweise komplett ausfällt.

„Von Flotte, Herr Kapitän: Ein Dez Steuerbord auf 0-4-0 Grad!"

Sieben Minuten später, um 5.46 Uhr meldet der achtere Stand die letzte Messung mit 22.500 Meter. Dann ist der Gegner nicht mehr auszumachen.

Eine erste Bestandsaufnahme nach dem Gefecht ergibt folgendes Bild:

Treffer 38 cm-Geschoß, durchschlägt den Vormarsstand unterhalb der Vormarsplattform. Da sie glücklicherweise keinen empfindlichen Kopfzünder hat, detoniert die Granate erst nach Durchschlagen des Mastes auf dessen anderer Seite.

Die Splitter töten sechs Mann im Vormars und verwunden zwei weitere, durchschlagen mehrere Artilleriekabel, beschädigen die Optiken zweier Zielgeber im vorderen Artillerieleitstand und eine Reihe anderer frei liegender Kabel.

Treffer 11,4 cm-Geschoß, detoniert am Turm *Anton* und zerstört die Backbord-Haubentür des Entfernungsmessgerätes, die dabei abgeschlagen wird, sodass Seewasser in den Turm eindringt.

Treffer 11,4 cm-Geschoß, beschädigt die Backbord-Achtere Flak leicht, kann aber wieder direkt gerichtet werden.

Bei diesem ersten Gefecht mit einer schweren britischen Einheit, die von vornherein die bessere Position innehatte, gelingt es der *Gneisenau* zwei, wenn nicht gar drei Treffer zu erzielen.

Eine Granate traf den Hauptschenkel des vorderen Dreibeinmastes, zerstörte den Funkpeiler und die Leitungen der Navigations- und Signallichter.

Der zweite Treffer durchschlug das Achterschiff zwischen Hauptdeck und Aufbaudeck und zerstörte dabei Lüfter und Armaturen.

In der Werft stellte man dann fest, dass der Mantel des vorderen Schornsteins aufgerissen und ausgebaucht war. Aller Wahrscheinlichkeit nach durch einen dritten Treffer.

Auf britischer Seite gab es zwar keine personellen Verluste, aber der Schlachtkreuzer musste für einen Monat in die Werft.

An Bord der *Gneisenau* ist man pausenlos damit beschäftigt, die Trefferschäden zu beseitigen. Der Verband weicht nach Norden aus, erreicht am 10. April morgens etwa 70 Grad Nord, 7 Grad Ost. Dort erhält Admiral Lütjens auch die Meldung vom Gelingen des Unternehmens *Weserübung*. Noch am 10. April erfolgt der Rückmarsch. Bei Tagesanbruch stehen die Schiffe querab der Orkneyinseln. Sie laufen weiterhin 26 Knoten.

Vormittags ist ein englischer Fühlungshalter über den Schiffen, der den Verband sofort meldet, worauf vier Staffeln Bomber starten und angreifen sollen, die Schiffe aber nicht finden.

Mittags taucht die *Admiral Hipper* aus dem Nebel auf und schließt sich an, hat jedoch Schwierigkeiten wegen der Brennstofflage die Geschwindigkeit zu halten.

Am Abend des 12. April läuft der Verband in Jade ein.

Die Gefallenen des Gefechts vom 9. April werden am 21. April auf dem Ehrenfriedhof in Wilhelmshaven beigesetzt.

Die *Gneisenau* geht zu kurzer Dockzeit nach Bremerhaven in das große Kaiserdock II und verlegt danach zurück nach Wilhelmshaven.

Am 5. Mai 1940 gegen 11.47 Uhr ereignet sich vor der Elbmündung am Heck eine Detonation, anscheinend eine kleinere U-Boot- oder Flugzeugmine. Alle Schnellschlüsse fallen sofort aus und damit auch alle Hauptturbinen und die meisten Hilfsmaschinen soweit sie von Strom abhängig sind. Die Anlagen können aber bald wieder klar gemacht werden.

Das Schadensergebnis: Steuerbord-Wellentunnel und zwei Lasten in Abteilung II laufen voll.

Der Verband marschiert jetzt hinter einem Logger und dem Minensuchboot *M 98* mit Kabel-Fernräumgerät (KFRG) bei langsamer Geschwindigkeit gegen den auslaufenden Strom. Er kommt erst bei Niedrigwasser infolge des Zwangsaufenthaltes durch die Minendetonation über die flachen Stellen zwischen Cuxhaven und Brunsbüttel und sitzt dort einige Stunden fest.

Mit Kopfschlepper hinter einem M-Boot mit Räumgerät geht es am nächsten Tag durch den Kaiser-Wilhelm-Kanal und abends gleich ins Schwimmdock an der Schwentine.

Eine durchgeführte Untersuchung ergibt, dass äußerlich nur einige kleinere Risse zu sehen sind. Wahrscheinlich aber sind Spanten und andere tragende Teile beschädigt.

Während der fälligen Reparatur wird auch die Kabelbündel-MES-Anlage, die die Wirkungen von Magnetminen aufheben soll, eingebaut.

Am 21. Mai 1940 werden die Türme der schweren Artillerie, welche bis jetzt gelb sind, rot gestrichen.

Nachdem das Schiff bei einem Verholversuch auf Untiefe querab der Deutschen Werke sitzen geblieben ist, gelingt erst am 21. Mai 1940 das Verholen an die Boje A12, an der Munition übernommen wird.

Am 23. Mai 1940 läuft die *Gneisenau* nach Osten aus. Bis Bornholm läuft sie hinter der *Nautilus*, welche mit KFRG ausgestattet ist, her. Vor Gotenhafen finden Überlaufversuche über Magnetminen zum Erproben der MES-Anlage statt. Anschließend wird noch ein Flakschießen vor Pillau und Kaliberschießen gegen das Zielschiff *Hessen* in der Nähe von Bornholm durchgeführt. Danach liegt die *Gneisenau* für zwei Tage in Kiel. Der Besatzung wird gruppenweise die Möglichkeit zum Landgang gegeben.

Am 4. Juni 1940 läuft ein Verband, bestehend aus den Schlachtschiffen *Gneisenau* und *Scharnhorst* und dem schweren Kreuzer *Admiral Hipper* unter Führung des Flottenchefs Admiral Marschall und den vier Zerstörern *Hans Lody, Hermann Schoemann, Erich Steinbrinck* und *Karl Galster* unter Führung des Führers der Zerstörer Kapitän zur See Bey Richtung Skagen aus. Zusätzlich zu dieser Sicherung gibt es ein U-Bootgeleit durch die Torpedoboote *Jaguar* und *Falke*.

Der Verband marschiert bei sehr gutem Wetter hinter einem großen Sperrbrecher bis zum Süd-Ende Großer Belt. Dort setzt sich der Führer der Minensuchverbände Ost Konteradmiral Hans Stohwasser mit seinem Führerboot *Hay* vor die Schiffe.

Dann gibt der Kommandant Kapitän zur See Harald Netzbandt der Besatzung das Ziel der Unternehmung bekannt.

Die Kampfgruppe soll zur Unterstützung der Gruppe *Narvik* und der Gruppe *Feuerstein* Angriff auf feindliche Seestreitkräfte und Transporter durchführen. Vorrangiges Operationsgebiet soll vor allem bei Harstadt sein.

Am 5. Juni 1940 läuft die Kampfgruppe dicht an der schwedischen Küste entlang und geht unter Geleit der 1. Räumboot-Flottille durch die Skagen-Sperrlücke. Sie holt wegen eines gemeldeten Feind-U-Bootes weit nach Westen aus und geht dann auf nördliche Kurse. Ein Flugzeug wird auf 60 Kilometer ausgemacht und gemessen. Die norwegische Küste ist mit bloßem Auge auf maximal 90 Kilometer zu erkennen.

Der 6. Juni 1940 bringt sehr schlechte Sicht, teilweise mit Nebel. Die Schiffe passieren außer Sicht Stadlandet und später mehrere Drontheim vorgelagerte Inseln. Sie steuern den Treffpunkt mit dem Tanker *Dithmarschen* an, der um 19 Uhr erreicht wird. Die drei schweren Einheiten und der Tanker geben an die Zerstörer je 400 Tonnen Öl ab.

Am 7. Juni 1940 herrscht taghelle Nacht. Die Sonne bleibt etwa 1 Grad über der Kimm. Mit 45 Grad und 5 bis 7 Knoten steuern die Schiffe langsam nach Nordosten, bis die *Admiral Hipper* gegen Abend die Ölübernahme beendet hat. Das Thermometer zeigt 3 Grad über Null. Für das Unternehmen gegen Harstadt ist früh am 7. Juni 1940 die Sicht zu gut. Die Schiffe würden bereits auf 25 Seemeilen zu sehen sein. Mittags steht der Gefechtsverband auf 68 Grad 45 Minuten Nord 1 Grad 17 Minuten Ost. Abends herrscht leichte Dünung, es ist immer noch kühl und es weht kein Wind. Um 20.30 Uhr ist eine Sitzung der Kommandanten und Chefs beim Flottenchef auf der *Gneisenau* anberaumt. Man kommt von allen Seiten längsseits des Flaggschiffs.

Der Verband liegt während dieser Besprechung gestoppt in zwei Kolonnen. Auf der einen Seite die drei schweren Einheiten und der Versorger, auf der anderen Seite die vier Zerstörer. Die Torpedoboote wurden bereits bei Skagen wieder entlassen.

Diese wichtige und entscheidende Sitzung dauert über zwei Stunden.

Admiral Marschall hält es für zweckmäßig, seine Befehlshaber und Kommandanten über die Lage zu informieren.

Da Harstadt mehrmals von der Seekriegsleitung als Ziel der Unternehmung befohlen worden war, nimmt der Flottenchef nach dieser Beratung mit seinem Verband Kurs auf Vaagsfjord zur Durchführung der Aufgabe.

Bereits am Abend des 7. Juni wird auf dem Flaggschiff der Funkspruch eines Aufklärungsflugzeuges aufge-

nommen, nach dem es über Harstadt nur von Kanonen-
booten beschossen worden sei, der Hafen solle leer sein.
Auf der *Gneisenau* wurde dieser Funkspruch gelesen
und zur Kenntnis genommen, die Seekriegsleitung hat
eben diesen nicht erhalten.

Durch diesen Funkspruch ist für Admiral Marschall
der Angriff auf Harstadt zwecklos geworden.

Eine geplante Änderung wird durch ein FT-Kurzsignal
an die Marinegruppe West gegeben.

Diese antwortet sofort, dass ein gesichteter Geleitzug
nur durch die *Admiral Hipper* zu jagen sei, ansonsten
müsse an der Hauptaufgabe festgehalten werden. Admiral Wilhelm Marschall bleibt bei seinem Entschluss,
das inzwischen wohl leere Harstadt nicht anzugreifen,
sondern sich der gesichteten und vermuteten Geleitzüge
anzunehmen.

Am nächsten Tag, dem 8. Juni wird gegen 6 Uhr ein
Tanker mit Bewachung gesichtet. Die Mittelartillerie der
Gneisenau versenkt den Tanker, die *Admiral Hipper* ver-
nichtet den Bewacher.

Gegen Mittag wird vom Vormars der *Gneisenau* aus
auf 50.000 Meter ein großer Dampfer mit zwei Schorn-
steinen gesichtet. Die geschätzte Größe liegt bei mindestens 18.000 Bruttoregistertonnen.

Weiter ab fährt ein kleinerer Dampfer. Die *Admiral
Hipper* bekommt den Befehl, das größere Schiff zu versenken. Das zweite Schiff wird beim Näherkommen als
Lazarettschiff erkannt und unbehelligt weiterfahren gelassen.

Am Mittag werden sowohl die *Admiral Hipper* als auch
die vier Zerstörer nach Drontheim entlassen, um ihren
Brennstoff zu ergänzen.

Während die beiden Schlachtschiffe *Gneisenau* und *Scharnhorst* nach Norden zur Ölübernahme aus der *Dithmarschen* laufen, schnarrt genau um 16.46 Uhr das Telefon.

„Von Vormars, Herr Kapitän: Rauchwolke in rechtsweisend 60 Grad!"

Kapitän zur See Netzbandt fährt mit seinem Fernglas herum. Wo eine Rauchwolke ist, da ist auch ein Schiff. Schnell begibt er sich zur Steuerbordseite der Brücke und hebt das schwere Zeiss-Glas. 60 Grad, das ist beim derzeitigen Kurs genau querab. Nun erkennt auch Netzbandt den Rauch. Hauchdünn, fast zart steigt er in den Himmel.

„Meldung an Admiral: An Vormars: Sofort Meldung, wenn Einzelheiten erkennbar!"

„Von Vormars: Unter Rauchwolke Mast und Schornstein erkennbar. Messung etwa 400 Hektometer."

„Weitergeben an Admiral und *Scharnhorst*!"

„Meldung von Admiral Marschall: Dampf aufmachen für Höchstfahrt!"

Dieser Spruch ist auch an die *Scharnhorst* gerichtet und sowohl die *Gneisenau* als auch die *Scharnhorst* bestätigen den Befehl umgehend.

Netzbandt richtet sein Glas wieder auf die Rauchwolke über der Kimm. Die ist zwar größer geworden, den gemeldeten Gefechtsmast kann er jedoch nur erahnen.

Vom Flottenchef kommt nun auch der Alarmbefehl.

„Klarschiff zum Gefecht anschlagen!", ruft Netzbandt.

Nur 16 Minuten nach der Sichtmeldung dröhnen die Alarmglocken durch das Schiff.

Die Freiwache hastet auf die Gefechtsstationen und die beiden deutschen Schlachtschiffe drehen auf 30 Grad. Somit läuft die Kampfgruppe auf den Feind zu.

Um 17.07 Uhr pflügt die *Gneisenau* mit 24 Knoten durch die See. Die ersten Gischtfahnen steigen am Bug hoch und wehen über das lange Vorschiff.

„Von Vormars: Dicker Schornstein und Mast mit Gefechtsstand ausgemacht. Wahrscheinlich auch Landedeck", kommt nun die Meldung zum Kapitän.

Die Augenbrauen von Kapitän zur See Harald Netzbandt heben sich.

„Landedeck – Das bedeutet Flugzeugträger. Aber ein Träger läuft nicht allein. Dafür sind sie zu wertvoll. Also hat er noch Bewacher bei sich. Fragt sich nur welche", versucht der Kommandant der *Gneisenau* die Meldung einzuordnen.

„An alle Stellen: Gesichteter Gegner wahrscheinlich Flugzeugträger. Verstärkt auf Flugzeuge achten! Schiff geht auf Höchstfahrt", befiehlt er ruhig.

Die *Gneisenau* dreht um 40 Grad nach Steuerbord, die Umdrehungen der drei Schrauben steigern sich auf 26 Knoten.

Der Gegner steht nun Backbord voraus und nicht nur die Männer auf der Brücke der *Gneisenau* wundern sich, dass der Feind stur seinen Kurs beibehält.

„Der Eins AO, Herr Kapitän."

Der Brückenmaat hält Netzbandt den Hörer entgegen.

Fregattenkapitän Wolfgang Kähler meldet links vom Schornstein hohe Spieren und tippt auf den Flugzeugträger *Ark Royal*. Rechts vom Mast hat er eine Insel ausgemacht, dann das Landedeck.

„Zwei Zerstörer sind ebenfalls noch da, Herr Kapitän. Einer steht nördlich des Trägers und einer südlich. Verband steuert Südkurs, etwa 2-0-0 Grad."

Netzbandt dankt und gibt den Hörer wieder zurück.

Da kommt schon die nächste Meldung: „Von Admiral: Auf 1-5-0 Grad gehen!"

Der Gefechts-Wachoffizier, der den Dienst auf der Brücke übernommen hat, gibt den Befehl des Flottenchefs an den Gefechts-Rudergänger weiter.

Ein leichter Druck auf den Steuerkontakt lässt das große Schiff um 80 Grad nach Steuerbord drehen. In einer breiten Dwarslinie stürmen nun die beiden Schlachtschiffe *Gneisenau* und *Scharnhorst* diagonal in den Kurs des britischen Verbandes.

Soweit beobachtet werden kann, ändert der feindliche Träger seinen Kurs noch immer nicht. Auch auf dem Flugdeck können die deutschen Seeleute keine verdächtigen Bewegungen ausmachen.

Doch nun sieht Netzbandt durch das fest eingebaute große Brückenfernrohr, dass dicke Rauwolken vom Träger aufsteigen.

„Von Eins AO, Herr Kapitän: Nördlich stehender Zerstörer dreht ab. Messung 145 hm. Mittelartillerie hat Ziel aufgefasst. Frage: Feuererlaubnis?"

Größte Eile ist nun geboten. Der Flugzeugträger muss ausgeschaltet werden, bevor er seine Flugzeuge zum Einsatz bringen kann.

„Feuererlaubnis für Mittelartillerie!"

Die *Scharnhorst* steht in der breiten Dwarslinie der beiden Schiffe näher am Gegner. Sie eröffnet daher als erstes das Feuer. Die *Gneisenau* fällt nun kurz danach mit ein und zieht mit höchster Fahrt an der Feuerleeseite an der *Scharnhorst* vorbei.

Der erste Artillerieoffizier der *Gneisenau*, Fregattenkapitän Wolfgang Kähler beobachtet durch die Optik im Vormars deutlich, dass auf dem Träger nach und nach drei Flugzeuge aus dem Hallendeck mit dem Aufzug auf das Flugdeck hochgefahren werden. Dort bleiben diese jedoch stehen.

Da das Schiff hohe Fahrt vor dem Wind läuft, muss es erst gegen den Wind drehen. Erst dann können die Flugzeuge gestartet werden. Dieses Manöver würde für die Briten aber bedeuten, den deutschen Schiffen entgegen zu laufen. Schon bald hat sich der Flugzeugträger komplett eingenebelt.

„Meldung von Vormars-Basisgerät: 260 Hektometer.“

„Turmsalve Turm *Anton* und Turm *Bruno*! – Salveeee – Feuer!“

Mit dem Schrillen der Salvenglocken in den vorderen schweren Türmen verlässt die erste Vollsalve die Rohre. Der gewaltige Rückstoß der sechs 28 cm-Geschütze rüttelt kräftig am Brückenaufbau und pflanzt sich durch das ganze Schiff fort. Sekundenlang fährt die *Gneisenau* durch eine dichte schmutzig-braun-gelbe Wolke, die überall zu kleben scheint. Dann aber wird sie durch den Fahrtwind achteraus geweht.

„Frage: Flugzeit!“

„46 Sekunden, Herr Kapitän.“

So lange sind die 315 Kilogramm schweren Sprenggranaten unterwegs, bei einer Anfangsgeschwindigkeit von 890 Metern pro Sekunde.

Mit dieser Salve fliegen beinahe zwei Tonnen Stahl und Sprengstoff in Richtung des feindlichen Trägers.

„Achtung – Aufschlag!“

Kapitän zur See Netzbandt presst seine Augen an die Okulare des Brückenfernglases.

Direkt vor dem Träger sieht er die dunklen Sprengstoffwolken, vermischt mit dem aufsteigenden Wasser der Einschläge hochsteigen. Er glaubt beinahe hören zu können, wie die Granaten explodieren.

Dank der ausgezeichneten Feuerleitmittel der deutschen Schiffsartillerie liegt die Salve seitlich gut, aber sie liegt zu kurz.

Netzbandt ist sich jedoch sicher, dass sich das gleich ändern wird.

„Träger ändert Kurs, Herr Kapitän – Träger nebelt!"

„Von Admiral: Wendung auf Kurs 1-7-0!"

„Also 20 Grad nach Steuerbord", denkt sich der Kommandant des deutschen Schlachtschiffs und beobachtet weiter den Träger, der auf südöstlichen Kurs gegangen ist, und der deutsche Flottenchef hat dahingehend sofort reagiert.

Die beiden Schlachtschiffe nähern sich nun spitz von achtern aus dem britischen Träger, der mit seinen Maschinen auf äußerste Kraft geht und nach der Ortung zwischen 26 und 29 Knoten läuft.

Immer wieder steigen nun beim Träger Wassersäulen empor, denn auch die *Scharnhorst* feuert auf den Gegner.

„Salveee – Feuer!"

Netzbandt zuckt leicht zusammen, als die vorderen Türme mit einem ohrenbetäubenden Donnern feuern und die schweren Granaten davon heulen.

„Achtung – Aufschlag!", meldet nun die Rechenstelle.

Dann kommt die wie gewohnt ruhige Stimme von Fregattenkapitän Kähler von seiner Gefechtsstation im Vormars: „Grenzsalve weit, Standsalve deckend."

Umgehend folgt daher sein Kommando nach: „Vollsalve gut schnell!"

„Einschläge der letzten Salve liegen deckend. Eins AO geht jetzt zum Wirkungsschießen über", meldet der Gefechtsbeobachter aus dem Vormars über die Bordlautsprecher.

Dem Brückenpersonal bietet sich, soweit sie Zeit dafür haben, ein imposantes Bild. Sowohl die *Gneisenau* als auch ihr Schwesterschiff *Scharnhorst* pflügen mit Höchstfahrt und hoch schäumender, den Steven überspülender Bugsee durch das weite Meer.

Immer wieder schießen Feuerbälle aus den steil erhobenen Rohren der vorderen Turmgruppen.

Der Donner der Salven bricht sich am Brückenaufbau der beiden Schlachtschiffe.

Sofort senken sich die noch rauchenden, 52 Tonnen schweren und 13 Meter langen Rohre, um die nächsten Geschosse aufzunehmen.

Kurze, harte Schläge zeigen an, dass auch die Mittelartillerie, die kurzzeitig das Feuer eingestellt hatte, ihr Feuer auf den Zerstörer wieder aufgenommen hat.

Auch auf der *Scharnhorst* hämmert die 15 cm-Mittelartillerie und zeigt an, dass sie einen der beiden Zerstörer unter Beschuss hat.

„Aufschlag!"

Der Summer der an die Artillerieleiter-Telefone angeschlossenen Aufschlagmeldeuhr hat angezeigt, dass die Flugzeit der Granaten um ist.

Die Stimme des kommandierenden Gefechtsbeobachters ist heiser vor Erregung.

„Treffer auf dem Flugzeugträger! Ich sehe Explosionsblitze auf dem Landedeck! Rauch quillt hervor und umhüllt die Brücke und den Schornstein. Der nördlich stehende Zerstörer dreht heran, versucht einen Rauchschleier zwischen den Träger und unsere Schlachtschiffe zu legen."

Die beiden Zerstörer versuchen den ablaufenden Träger mit Löwenmut zu schützen. Sie qualmen schwarz, nebeln und greifen den deutschen Kampfverband an.

„Mündungsblitze auf dem südlichen Zerstörer. Er hat das Feuer auf uns eröffnet!"

Kapitän zur See Harald Netzbandt spürt, wie das gepanzerte Deck unter seinen Füßen zittert. Es ist die jagende Fahrt des Schiffes, die hochtourige Drehzahl der drei 4,80 Meter durchmessenden Schrauben, die das Schiff vom Kiel bis zum Flaggenknopf erschüttern.

„Horchraum meldet Torpedo in Richtung 3-3-0 Grad."

„Hart Backbord, auf 1-4-0 gehen!"

Die feindlichen Zerstörerkommandanten sind mutige Kerle. Sie operieren äußerst geschickt und mit vollem persönlichem Einsatz.

Weit legt sich die *Gneisenau* unter dem Druck der beiden Ruder nach Steuerbord über, sodass sich auf der Backbordseite das rote Unterwasserschiff aus der See hebt.

Der Torpedo läuft längsschiffs an dem deutschen Schlachtschiff vorbei.

„Steuerbord 20, wieder auf 1-7-0 gehen."

Die *Gneisenau* dreht wieder auf ihren alten Kurs zurück.

Doch nur drei Minuten später muss das schwere Kampfschiff erneut einem Torpedo ausweichen.

Die britischen Zerstörer lassen nicht locker. Immer wieder greifen sie den überlegenen Gegner an, ungeachtet der Aufschläge, mit denen sie von der Mittelartillerie der beiden Schlachtschiffe eingegabelt werden.

Die Salven liegen sämtlich deckend, während die Zerstörer-Artillerie aufgrund der großen Entfernung mit ihrem Feuer immer zu kurz liegt.

„Der Flugzeugträger brennt und hat starke Schlagseite nach Steuerbord."

Die Stimme aus den Bordlautsprechern erreicht jeden Mann im Schiff.

Die beiden deutschen Schlachtschiffe fahren unter Klarschiff-Verschlusszustand. Das heißt, die Männer sind auf ihren Gefechtsstationen eingeschlossen und von der Außenwelt völlig isoliert.

Für deren Motivation ist es wichtig, dass sie wissen, was um sie herum vorgeht.

Aus den Bordlautsprechern krächzt die blecherne Stimme erneut: „Deckend, zwei Treffer!"

Um 17.58 Uhr ertönt das Kommando: „Schwere: Halt, Batterie – Halt!"

Dort wo der Träger sein muss, behindert dichter Rauch durch die erzielten Treffer der deutschen Schlachtschiffe und die daraus resultierenden Brände zeitweilig die Sicht. Eine weitere Trefferwirkung kann kurzzeitig nicht beobachtet werden. Dadurch können auch die Entfernungsmessgeräte längere Zeit keine Werte bekommen. Durch diesen Umstand wird erst spät erkannt, dass der britische Flugzeugträger erheblich an Fahrt verloren hat und zuletzt mehrfach überschossen wurde.

Die beiden britischen Zerstörer erfüllen weiterhin geschickt ihre Aufgabe. Sie schützen den Flugzeugträger, indem sie immer und immer wieder große Nebelschleier vor den Träger legen und die deutschen Schlachtschiffe mit Torpedos angreifen, um sie so zu versenken oder wenigstens in ungünstige Positionen für den artilleristischen Kampf zu zwingen.

Bisher eingedeckt durch Granaten der schweren Artillerie, versucht der bereits weidwunde Träger vergeblich in den Schutz einer dunklen Regenwand zu entkommen. Die Mittelartillerie der deutschen Schlachtschiffe hüllt die beiden Zerstörer in einen Fontänenwald.

Aus dem Rauch heraus kommt wieder der nördlich stehende Zerstörer hervorgeprescht.

Mit gewaltigem Schnauzbart vor dem Bug jagt er Backbord voraus genau auf das Schwesterschiff *Scharnhorst* zu. An beiden Masten ist die Gefechtsflagge vorgehisst.

Der bewundernswerte Einsatz der beiden gegnerischen Zerstörer gegen einen überlegenen Feind ringt Netzbandt Respekt ab.

In schnellem Salventakt nimmt die Mittelartillerie der beiden Schlachtschiffe den Zerstörer unter Beschuss. Die Entfernung wird nun immer geringer und mit abnehmender Entfernung wird zwar die Gefahr eines Torpedotreffers größer, aber auch die Treffsicherheit der 15 cm-Mittelartillerie.

Schon bald bestätigt die Stimme des Bordlautsprechers dies auch: „Treffer auf dem Zerstörer – und noch einer. Unsere Mittelartillerie liegt im Ziel. Der Zerstörer verliert an Fahrt, bekommt starke Schlagseite."

„Vormars wahrschauen! Sollen auf Torpedolaufbahnen an Backbord achten!", ruft Kapitän Netzbandt dem Brückenmaat zu.

Für ihn ist die Gefahr noch lange nicht beseitigt.

„Von Admiral: Zerstörer hat drei Torpedos geschossen!"

„Verdammt, also hat der Zerstörer doch noch seine Aale abgefeuert."

Nur Minuten später kommt die Bestätigung aus dem Horchraum: „Torpedogeräusche Richtung 3-3-0 Grad!"

„Flak-AO erbittet Feuererlaubnis auf nördlichen Zerstörer, Herr Kapitän."

„Erteilt – An Feuerleitung Mittelartillerie weitergeben!"

Nun nimmt auch die schwere 10,5 cm-Flak den Zerstörer unter Feuer.

Mit immerhin 15 Schuss pro Minute und Rohr eröffnen die Backbord-Batterien einen wahren Granathagel auf den Zerstörer.

Treffer um Treffer erzielen die Geschütze auf dem Zerstörer. Die Granaten zerfetzen Aufbauten, Brücke und

Decks. Der Rumpf wird an mehreren Stellen aufgerissen.

Dennoch macht der Gegner immer noch Fahrt.

„Von Vormars: Torpedolaufbahn an Backbord!"

„Wendung Zwo Dez Backbord!"

Die Torpedos geistern also noch immer umher, doch mit der eingeleiteten Wendung wird die *Gneisenau* den Aalen ausweichen können.

Nach wenigen Minuten gibt der Vormars auch Entwarnung. Der Torpedo läuft am Bug vorbei.

„Befehl vom Admiral: Keine Munitionsverschwendung!"

„Der Admiral hat also mitbekommen, dass sowohl wir als auch die *Scharnhorst* mit allen Kalibern, außer der leichten Flak auf den Gegner feuern", denkt sich Netzbandt.

Es ist zwar der Grundsatz des Kapitäns zur See, den Gegner so schnell und effektiv wie möglich niederzukämpfen, aber wenn Admiral Marschall dies als Munitionsverschwendung ansieht, was soll man machen.

„An Flak-AO: Schwere Flak Feuer einstellen!"

Wieder durchfährt ein gewaltiger Schlag das Schiff, als die schwere Artillerie wieder auf den Träger feuert, der sehr stark im Achterschiff brennt und nur noch mühsam vorwärts kriecht.

„Von Admiral: Fahrt verringern. *Scharnhorst* meldet Maschinenschaden und kann Fahrt nicht halten."

Kapitän zur See Netzbandt schaut mit seinem schweren Fernglas zum Schwesterschiff hinüber und sieht, dass das Schlachtschiff tatsächlich weit zurückgefallen ist.

Als er seinen Blick zurück auf den Zerstörer richtet, sieht er, wie eine Granate der *Scharnhorst* auf ihn einschlägt und den Mast wegrasiert.

Trotz des heldenmutigen Einsatzes und der tapferen Gegenwehr sinkt nun der erste Zerstörer.

Er wälzt sich langsam auf die Seite und kentert.

Der Flugzeugträger liegt weiterhin im Feuer der schweren Artillerie beider Schlachtschiffe.

Der ihn umgebene schwarze Rauch wird immer dichter.

Netzbandt kann sich gut vorstellen, was dort auf dem Schiff los sein muss. Wabernde, nicht mehr zu löschende Feuer, von der Hitze der Brände verbogenes und glühendes Metall.

Egal wie das Gefecht enden sollte, selbst wenn die beiden deutschen Schlachtschiffe jetzt den Rückmarsch antreten müssten, der Träger ist für die Royal Navy verloren.

Wieder wandert der Blick des Kommandanten zur *Scharnhorst* hinüber und er sieht, wie keine 50 Meter vor dem Schwesterschiff Aufschläge aus dem Wasser spritzen.

Es ist der südlich stehende zweite Zerstörer, der es tatsächlich wagt einen Angriff auf das maximal 38.900 Bruttoregistertonnen schwere Schlachtschiff zu fahren.

Auf der *Scharnhorst* bellen nun die mittleren Artilleriegeschütze auf und decken den Zerstörer ein.

Plötzlich brüllt durch den Donner der schweren und mittleren Artillerie ein ohrenbetäubender Schlag über das grau-blaue Wasser.

Netzbandt sieht, wie eine Wassersäule am Achterschiff der *Scharnhorst* hoch steigt und langsam wie in Zeitlupe wieder in sich zusammenfällt. Augenblicklich schweigen die schweren 28 cm-Geschütze des Schwesterschiffs.

Kurz darauf geht die Meldung auf der Brücke der *Gneisenau* ein.

„Torpedotreffer auf *Scharnhorst* – Abteilungen III und IV. Turm *Cesar* ausgefallen."

Dennoch deckt das getroffene Schlachtschiff den Zerstörer mit seiner 15 cm-Artillerie ein.

Die *Gneisenau* feuert indes weiter auf den britischen Flugzeugträger, der schließlich um 19.07 Uhr kieloben sinkt

Der zweite Zerstörer fährt auch nach dem Untergang ihres Schützlings weitere Angriffe auf den Verband. Der Zerstörer bleibt der Tradition der britischen Marine treu, denn vielleicht hätte er selbst jetzt noch entkommen können. Dennoch stellt sich das deutlich unterlegene Schiff weiter dem Kampf und beweist, dass die britische Kriegsmarine ihren Ruf nicht umsonst erworben hat. Erneut unternimmt der Zerstörer einen Anlauf auf den weit überlegenen Gegner zu. Die Abschüsse seiner Kanonen blitzen auf, Torpedos gleiten ins Wasser. Doch schließlich bleibt auch der zweite Zerstörer als brennendes Wrack liegen und sinkt.

Die beiden britischen Zerstörer stellen einen Glanzpunkt an Standhaftigkeit und Tapferkeit dar.

Die *Scharnhorst* erhält in diesem Gefecht einen Torpedotreffer achtern in die Abteilungen III und IV. Er ist mit starken personellen Verlusten und technischen Ausfällen verbunden. Das Schlachtschiff kann deshalb nur noch geringe Fahrt laufen, bis die ersten Reparaturen mit bordeigenen Mitteln durchgeführt worden sind.

Ein mehr als zweistündiger Kampf ist vorbei.

Nun gehen die Meldungen von Schiff zu Schiff. Der Verbandsführer an Bord der *Gneisenau* möchte genauestens über den Zustand der *Scharnhorst* informiert werden.

Schäden in nicht unerheblichem Umfang werden durchgegeben.

Auf der *Gneisenau* wird nun an alle Stellen durchgegeben: „Gefecht beendet. Flugzeugträger und ein Zerstörer versenkt, zwoter Zerstörer treibt brennend achteraus."

Der tapfere Einsatz der beiden britischen Zerstörer hatte wahrscheinlich eine noch größere Wirkung als nur der erzielte Treffer auf der *Scharnhorst*. Durch den Abbruch des Unternehmens verpassen die beiden schweren Einheiten einen von Norden kommenden und durch den britischen Kreuzer *Southampton* geschützten Geleitzug. Die *Southampton* ist das Flaggschiff von Lord Cork. Auf diesem Geleitzug befanden sich über 10.000 britische Soldaten, welche bei einem Zusammentreffen mit der *Gneisenau* und ihrem Schwesterschiff *Scharnhorst* eine Katastrophe erlebt hätten.

Am 9. Juni 1940 ergeht der Befehl von der Gruppe West an Admiral Marschall, mit beiden Schlachtschiffen nach Drontheim zu laufen. Es kommen vier Zerstörer zum U-Bootgeleit heraus, dazu als weitere Sicherung einige Heinkel 115 und Messerschmitt 109. Um 16 Uhr des 9. Juni wird vor Drontheim geankert. Die *Gneisenau* ergänzt vom Dampfer *Alstertor* mit erhöhter Geschwindigkeit ihre Munition.

Am folgenden Tag läuft die *Gneisenau* zusammen mit der *Admiral Hipper* und vier Zerstörern erneut aus. Nachdem die Luftwaffe die Aufklärung eingestellt hat und kein lohnenswertes Ziel in der Nähe steht, geht der Gefechtsverband auf Ostkurs und steuert schließlich wieder Drontheim an.

Am 11. Juni 1940 ankert der Verband noch immer in Drontheim. Einige Zerstörer kommen längsseits, um Öl zu übernehmen. Zweimal gibt es Fliegeralarm. Beim ersten Angriff fliegen zwölf Wellington in 4.000 bis 5.000 Meter Höhe dicht zusammen an. Ihre Bomben verfehlen ihr Ziel und die Angreifer verlieren vier Maschinen durch deutsche Jäger.

Der 20. Juni 1940 sieht den deutschen Verband, bestehend aus der *Gneisenau* und dem schweren Kreuzer *Admiral Hipper*, begleitet vom Zerstörer *Karl Galster* um 16 Uhr von Drontheim auslaufen.

Die Operation gilt der britischen Northern Patrol, welche vor allem durch Hilfskreuzer eine Absperrung im Raum Island-Färöer-Shetlands-Orkneys besetzen.

Die Schiffe steuern im Schärengebiet nach Norden bis Kylla, dann drehen sie nach Nordwesten ab.

Das britische Unterseeboot *Clyde* an Steuerbord feuert drei Torpedos auf die *Gneisenau*, von denen einer am Vorsteven trifft. Die *Gneisenau* verliert viel Öl und Lasteninhalt, doch alle Gefechtsstationen melden: „Klar". Auch stellt sich heraus, dass kein Mann verloren ging. Dennoch stellt das riesige Leck eine schwere, erhebliche Beschädigung des Schlachtschiffes dar. Das Loch über der Wasseroberfläche ist so groß, dass ohne weiteres ein Verkehrsboot hätte durchfahren können.

Da es in Drontheim kein Dock gibt, kann der Schaden nur durch Taucher untersucht werden. Diese stellen das Ergebnis fest, dass es notwendig ist, die Risse unter Wasser zu schweißen und große Metallplatten auf beiden Seiten des Vorschiffes einzusetzen, damit die *Gneisenau* nach einigen Wochen unter Geleitschutz nach Kiel ins Dock zu einer gründlichen Reparatur gehen kann.

Im Laufe des 4. Juli 1940 bringen die Seeleute eine Tarnung auf alle Flächen des Schlachtschiffes an. Dadurch ist die *Gneisenau* gegen den dunklen, bergigen und bewaldeten Hintergrund des Drontheimer Hafens weniger zu erkennen.

Am 19. Juli 1940 kommen die beiden Tanker *Friedrich Breme* und *Adria* längsseits, um das Schlachtschiff zu beölen.

Einen Tag später erfolgt eine Probefahrt im Drontheim-Fjord. Langsam lässt Kapitän zur See Netzbandt die Fahrtstufen erhöhen. Er steht auf der Brücke und lässt sich laufend Meldungen der betroffenen Abteilungen durchgeben. Es kommt jedoch zu keinen nennenswerten Zwischenfällen, sodass der Leitende Ingenieur Korvettenkapitän (Ing.) Helmuth Göller melden kann, dass das Schlachtschiff 28 Knoten laufen kann und die Schotten halten. Somit steht dem Abmarsch in die Heimat zur großen Instandsetzung nichts mehr im Wege.

Am 25. Juli läuft der Verband, bestehend aus dem Schlachtschiff *Gneisenau*, dem schweren Kreuzer *Admiral Hipper*, dem leichten Kreuzer *Nürnberg* und vier Zerstörern aus Drontheim aus. Durch Trondhjems Leden, Ytre Fjord, östlich Gripholm und dann nach Westen geht es mit wenig Fahrt hinter vier Booten der 2. Minensuch-Flottille mit ausgebrachten Otter-Räum-Geräten (ORG). Nachdem sich die *Gneisenau* in Drontheim dunkel getarnt hatte, war das Schiff nun wieder hellgrau gestrichen worden. Die *Admiral Hipper* verlässt in der Nacht den Verband. Sie soll eine mehrwöchige Unternehmung im Eismeer gegen die britische Handelsschifffahrt durchführen.

Der 26. Juli wird ein tragischer Tag. Der restliche Verband läuft etwa 50 Seemeilen westlich der Küste nach Süden. Die *Gneisenau* an Backbord, *Nürnberg* an Steuerbord, je ein Zerstörer außen, die beiden anderen Zerstörer sind Vorreiter. Ständig sind zwei Dornier 17 als Aufklärer und zwei Messerschmitt 110 als Jagdschutz über dem Gefechtsverband. Gegen 13 Uhr kommen noch sechs Torpedoboote zur U-Boot-Sicherung hinzu. Der Admiral möchte dicht unter der norwegischen Küste entlang und dann zur Hanstholm-Durchfahrt gehen. Kurz vor 16 Uhr erfolgt eine starke Detonation. Das Torpedoboot *Luchs*, welches die U-Boot-Sicherung an Backbord querab übernommen hatte, verschwindet in einer großen Rauchwolke und sinkt innerhalb zweier Minuten.

Ein Torpedo, welcher vom britischen Unterseeboot *Swordfish* abgeschossen wurde und eigentlich der *Gneisenau* galt, zerreißt förmlich das kleine Torpedoboot, welches genau in der Schussrichtung lag.

Von der Besatzung können 53 Mann gerettet werden. Unter ihnen ist auch der Kommandant Kapitänleutnant Kaßbaum.

Unter starkem Minen- und Navigationsgeleit läuft die *Gneisenau*, da nur wenige Lichter brennen, bis Nordausgang Großer Belt, von wo der BSO Konteradmiral Stohwasser, das Schiff bis nach Kiel geleitet.

Am 28. Juli erreicht die *Gneisenau* Kiel. Schon beim Marsch durch die Kieler Bucht sind von weitem Luftangriffe auf den Hafen und die Stadt selbst zu erkennen. Sobald ein Flugzeug geortet ist, beginnt Plan-Sperrfeuer, wodurch der Gegner immer wieder abgedrängt wird. Die *Gneisenau* geht nach dem Einlaufen sofort in die Werft.

Nach fast drei Monaten in der Werft dockt die *Gneisenau* am 21. Oktober 1940 wieder aus.

Nach den üblichen Werft-Nachfolgearbeiten wie zum Beispiel Abstimmen der verschiedenen Maschinen und Gerätschaften, Munitionsübernahme und anderem, geht das Schiff am 14. November nach Osten zur Maschinenerprobung, Schießübungen, Meilenfahrten und Überlaufversuchen gegen Magnetminen. Dazwischen erfolgt gelegentliches Einlaufen in Gotenhafen.

Am 7. Dezember 1940 steigt Admiral Lütjens mit seinem Stab zur Teilnahme am Kaliberschießen und an Verbandsübungen ein.

Die *Gneisenau* läuft zusammen mit ihrem Schwesterschiff *Scharnhorst* und dem üblichen Geleit am 28. Dezember 1940 zum Zufuhrkrieg im Atlantik aus Kiel aus.
Sie hat nunmehr 1.902 Mann an Bord. Als Kommandant hat die *Gneisenau* nun Kapitän zur See Otto Fein, ein am 28. März 1895 in Hamburg geborener, erfahrener Seeoffizier. Vor diesem Kommando war er Chef des Stabes im Marinegruppenkommando Nord. Seine seemännische Ausbildung erhielt er in der kaiserlichen Marine unter anderem auf dem großen Kreuzer *Hansa* und dem Linienschiff *Elsass* sowie der *Braunschweig*.
Kapitän zur See Harald Netzbandt wird Chef des Stabes im Flottenkommando unter Admiral Lütjens und ist somit wieder auf der *Gneisenau*.

Am 29. Dezember abends wird die Skagen-Sperre passiert.

Immer unangenehmer macht sich die bei starkem Westwind heranrollende See bemerkbar. Es kommt eine große Menge Wasser über das Vorschiff.

Daher muss die Fahrt von zunächst 25 Knoten erst auf 22 Knoten und dann schließlich auf 17 Knoten herabgesetzt werden. Dennoch hat das Schlachtschiff die ersten Seeschäden zu verzeichnen. Immer mehr Decks melden gebrochene Spanten und sogar Träger. Die volle Seefähigkeit der *Gneisenau* ist dadurch eingeschränkt. Der Verband begibt sich vorerst in das Schärengebiet beim Korsfjord.

Das Oberkommando der Marine bestimmt, dass die *Gneisenau* nach Gotenhafen zur Reparatur laufen soll und so dreht das Schlachtschiff in der Nacht des 30. Dezember auf Südkurs und trifft am 2. Januar 1941 in Gotenhafen ein.

Sofort nach dem Einlaufen findet in der Werft eine Besprechung zur Feststellung der erlittenen Seeschäden statt.

Als gravierendster Schaden wird festgestellt, dass das Hauptventil der Steuerbord-Turbine gerissen ist und dass der Ausbau, die Reparatur und der Wiedereinbau über zwei Wochen in Anspruch nehmen wird.

Sehr schnell bildet sich eine große Eisfläche im Hafen und bei einer längeren Liegezeit besteht die Gefahr, dass das Schlachtschiff festfrieren wird. Da die Schiffsbauer jedoch unbedingt noch einmal docken wollen, um notfalls etwaige entstandene Risse schweißen zu können, wird die *Gneisenau* nach Kiel verlegt. Dort sollen die Reparaturen dann beendet werden.

Es wird für den 11. Januar 1941 eine große Werftbesprechung an Bord des Schiffes festgelegt. Sie steht unter der Leitung von Vizeadmiral Fuchs, dem Chef des Konstruktionsamtes.

Bei dieser Sitzung wird festgestellt, dass beim Schwesterschiff *Scharnhorst* bereits nach dem Norwegen-Unternehmen umfangreiche Verstärkungen unter der Back eingebaut wurden und nach der Reparatur des torpedierten Vorstevens der *Gneisenau* eine wichtige tragende Stütze unter der Back nicht wieder eingebaut wurde.

Für den 14. Januar wird Ausdocken befohlen. Es werden noch Restarbeiten an der Pier vorgenommen, unter anderem kommt es zur Anbordnahme von 2 cm-Vierlingsflaklaffetten auf einem hohen *Storchennest* und der Austausch der bisherigen 2 cm-Flak C 30 gegen C 38.

Am 22. Januar 1941 läuft die *Gneisenau* zusammen mit der *Scharnhorst* wieder aus. Am Südausgang des Großen Belts wird über Nacht geankert.

Am kommenden Morgen bei klarem Wetter wird „Ankerauf!" befohlen.

Jedes der schweren Schiffe hat aus Sicherheitsgründen einen Schlepper bei sich. Außerdem fährt ein großer Eisbrecher vor dem deutschen Verband.

Da die befohlenen Torpedoboote wegen eines starken Oststurms nicht auslaufen können, wird um 23.30 Uhr zwölf Seemeilen nördlich von Läsö bis zum 25. Januar geankert. Außerdem soll ein größerer Feindverband im Seegebiet von Stavanger Minen gelegt haben. Abends wird die Kristiansand-Sperrlücke passiert, der Verband geht ab etwa 19.30 Uhr auf eine Marschgeschwindigkeit von 25 Knoten.

Am Vormittag des nächsten Tages steht der Gefechtsverband in Höhe von Stadlandet.

Der frühe Morgen des 27. Januar 1941 sieht den Verband einen Kurs von 204 Grad steuern und mit etwas ge-
ringerer Fahrt die Island-Passage, das Seegebiet südlich
von Island ansteuern, um von dort aus in den freien und
offenen Atlantik durchzubrechen.
Da die Dänemarkstraße, das Gebiet nördlich von Island bis Grönland noch stark vereist ist, ist es für die britische Royal Navy auch leichter zu kontrollieren. Daher
ist ein erfolgreicher Durchbruch nur bei schlechter Wetterlage möglich.

Die *Scharnhorst*, welche dicht aufgeschlossen hinter der
Gneisenau fährt, meldet nach Dete-Meldung am 28. Janu-
ar 1941: „Backbord voraus ein sich schnell näherndes
Objekt erfasst!"
Der Admiral befiehlt der *Gneisenau* unverzüglich 8 Dez
nach Steuerbord zu drehen.
Vormars an Brücke: „Auf größerer Entfernung unbe-
kanntes Fahrzeug zu erkennen."
Auf dem neuen Kurs, welcher 330 Grad beträgt, sichtet
ein Signalmaat auf der Brücke einen Schatten.
Kapitän zur See Fein greift zum Hörer: „Hier Brücke,
Eins-AO – Frage: Objekt Backbord voraus?" Aus dem
Vormars kommt in kürzester Zeit die Meldung: „Auf
30 bis 35 Hektometer an Backbord. Wahrscheinlich Zerstörer."
Es deutet noch nichts darauf hin, dass der Gegner die
beiden deutschen Schlachtschiffe gesehen hat. Erst später melden zwei Maate vom Vormars-Zielgeber, dass sie
in der Mitte des Gegners zwei weiße Wassersäulen gesehen hätten. Dies deutet darauf hin, dass zwei Torpedos

ins Wasser geglitten wären. Doch werden weder Torpedolaufbahnen gesehen noch werden Torpedogeräusche in der Horchzentrale aufgefangen. Der Verband macht bei 62 Grad 40 Minuten Nord und 18 Grad West kehrt. Nach Sichtung des Zerstörers lässt die Flotte sofort auf 40 Grad und später nacheinander auf 60 und 90 Grad drehen.

Auf Ostkurs ist an Steuerbord querab auf etwa 100 Hektometer ein festes weißes Licht zu sehen, welches achteraus wandert. Bald darauf kommt eine Dete-Meldung, dass in 300 Grad, 140 Hektometer entfernt ein großes Objekt zu erkennen ist. Später werden es noch einige mehr. Diese wandern ebenfalls achteraus und verschwinden langsam an Backbord. Von der Brücke aus kann Fein und die Brückenbesatzung nichts ausmachen, da die Schiffe inzwischen auf hohe Fahrt gegangen sind und mit 28 Knoten gegen die See laufen. Der zuerst erfasste Zerstörer folgt noch längere Zeit, geht jedoch verloren, als der Verband von Zeit zu Zeit um 1 oder 2 Dez dreht.

Am Tage ist nichts mehr von ihm zu sehen.

Gegen Mittag kommt auf Backbord auf circa 320 Hektometer ein Kriegsschiff in Sicht. Man kann anderthalb Masten erkennen. Das unbekannte Schiff liegt auf östlichem Kurs.

Die deutschen Schiffe drehen etwas ab und der mutmaßliche Gegner verschwindet bald aus der Sicht.

Nachmittags gibt es Fliegeralarm, ein einzelner Aufklärer fliegt weit im Süden. Einige Zeit später wird noch ein Flugzeug gesichtet. Beide verschwinden jedoch bald wieder, ohne die Schiffe auszumachen.

Dem Flottenchef ist durch die Ereignisse der letzten Stunden klar geworden, dass ein unbemerkter Durchbruch durch die Island-Passage nahezu unmöglich sein wird. Daher entscheidet er, durch die Dänemark-Straße in den Atlantik zu gehen. Vorher muss jedoch vom Tanker *Adria* Brennstoff ergänzt werden. Dieser steht im Nordmeer.

Am 29. Januar 1941 gegen 9 Uhr kommt die *Scharnhorst* auf ungefähr 68 Grad Nord und 0,5 Minuten Ost längsseits. Es soll ein Wurfbeutel mit einer großen Anzahl von längeren Funksprüchen der Flotte an die Gruppe West übernommen werden. Dieser soll anschließend mit einem Bordflugzeug zum Admiral Nordküste in Drontheim gebracht werden. Nach Stunden gibt das Flugzeug unter Oberleutnant zur See Martin eine Standortmeldung ab und teilt mit, dass es wegen Treibstoffmangel in einem Fjord südlich von Drontheim wassern musste.

Der Verband geht weiter nach Norden. Zunächst herrscht gutes Wetter und ruhige See. Am 30. Januar 1941 kommt der Verband beim Treffpunkt mit dem Versorgungsschiff *Adria* an. Die *Gneisenau* beginnt mit der Übernahme. Bei nun starkem Seegang ist das Herstellen und Halten der Verbindung schwierig. Der erste Versuch reißt dann auch ab, das Erneuern dauert mehrere Stunden. Dieser Vorgang hält die Schiffe, welche bei 72 Grad 30 Minuten stehen, mindestens zwei Tage auf. Abends reißt abermals ein Schlauch. Statt den geplanten 260 Kubikmetern Stundenleistung werden nur knapp 130 Kubikmeter pro Stunde übernommen.
Auf Grund von Erfahrungen mit dem Auffüllen der vorderen Ölzellen ist inzwischen angeordnet worden, dass bei einer Ölübernahme im Allgemeinen die vorderen Zellen in Abteilung XXI nicht gefüllt werden, sofern gleich nach dem Auslaufen mit schlechtem Wetter ge-

rechnet werden muss. Es sei denn, dass ein Zwang besteht, sie auf jeden Fall aufzufüllen, um einen vollen Aktionsradius zu erreichen. Durch diese Maßnahme soll verhindert werden, dass das Vorschiff zu viel Wasser übernimmt.

Am 31. Januar von Mitternacht bis morgens 4 Uhr geraten die beiden deutschen Schiffe langsam in Treibeis. Dies zwingt auch zum Abschlagen des zweiten Schlauchs, da befürchtet wird, dass er brechen könnte. Die *Gneisenau* marschiert zu einem neuen Treffpunkt, welcher abseits vom Treibeis liegt, um die fehlenden 1.400 Tonnen Öl vom Tanker übernehmen zu können.

Um Mitternacht ist das Manöver beendet. Der Wind hat inzwischen abgeflaut, nur die Dünung ist noch recht lang. Die *Scharnhorst* fängt mittags mit der Brennstoffübernahme von 3.400 Tonnen an. Sobald sie die Ölübernahme beendet hat, soll versucht werden durch die Dänemarkstraße zu gehen.

Nachts am 2. Februar 1941 ist die *Scharnhorst* fertig, sodass die *Adria* entlassen werden kann. Die Schlachtschiffe wenden sich langsam nach Westen. Kurz vor dem Wachwechsel um circa 8 Uhr erklingt der Ruf „Mann über Bord!" durch das Schiff. Der Matrose Liske fällt durch ein Missgeschick über Bord. Trotz aller eingeleiteten Maßnahmen wird er nicht gefunden.

Die Schiffe laufen mit 12 Knoten Kurs 250 Grad. Der Verband steuert etwa 70 Seemeilen südlich von Jan Mayen vorbei. Am 3. Februar früh morgens zwingt starkes Eis die Schiffe nach Süden, teilweise sogar nach Südosten auszuweichen und dichter unter der isländischen Küste entlang zu gehen. Gegen 18 Uhr stehen die Schiffe in 25 Kilometer Entfernung dicht vor der Nordwestecke Islands.

Am 4. Februar ortet das Dete-Gerät gegen 4 Uhr ein Schiff voraus. Die *Gneisenau* und auch die *Scharnhorst* drehen um mehrere Dez vom Gegner weg. Der Gegner kommt an Backbord mit Querabstand von 72 Hektometern langsam achteraus. Die Schiffe gehen bald wieder auf den alten Kurs zurück und laufen diesen auch weiter.

Der Durchbruch ist erfolgreich!

Admiral Lütjens macht nachmittags ein Flaggensignal: „Zum ersten Mal in der Seekriegsgeschichte ist es deutschen Schlachtschiffen gelungen, in den freien Atlantik einzudringen! Und nun ran!"

Abends wird der 60. Breitengrad passiert.

Auf Kurs 220 Grad passieren die Schiffe am 5. Februar die Südspitze Grönlands. Das Kap Farvel ist etwa 60 Seemeilen entfernt.

Gegen Mittag trifft der Verband den deutschen Tanker *Schlettstadt*. Bei abnehmendem Wind und ruhiger See beginnt die *Gneisenau* mit der Übernahme von 1.500 Tonnen. Die *Scharnhorst* übernimmt danach die gleiche Menge.

Am frühen Morgen des 6. Februar sind beide Schiffe fertig. Mit Kurs Südost läuft der Gefechtsverband in das Operationsgebiet. Das Wetter wird diesig. Die Sicht beträgt nur mehr 3.500 Meter.

„Zum Verrücktwerden! Diese Nebelsuppe! Man sieht ja beinahe seine Hände nicht vor den eigenen Augen. Geben Sie an den AO und den Vormars, dass verstärkt

Ausguck gehalten werden soll!", befiehlt Kapitän zur See Otto Fein einem der Brückenmaate.

Zum Mittag klart es bei starkem Wind langsam auf.

Am 7. Februar 1941 stehen die deutschen Schlachtschiffe auf der vermuteten Route der Halifax-Geleitzüge. Die beiden schweren Einheiten marschieren 40 Seemeilen auseinander und dampfen auf Nordwest- beziehungsweise Südostkurs mit 15 Knoten auf und ab. Der Wind frischt auf.

Die *Gneisenau* schlingert bis zu 18 Grad und nimmt eine sehr große Menge Wasser über. Einige Besatzungsmitglieder werden teilweise schwer verletzt.

Ein erwarteter Geleitzug kommt nicht in Sicht. Selbst Einzelfahrer werden nicht ausgemacht.

Endlich, am frühen Morgen des 8. Februars 1941 ortet das Dete-Gerät auf großer Entfernung zwei nach Westen laufende Schiffe. Die Richtung lässt vermuten, dass sie leer sind und nach Kanada oder den USA laufen, um neue Ladung zu holen.

Da Admiral Lütjens noch immer hofft, einen Geleitzug mit Ladung anzutreffen, unterlässt er es, Kontakt mit den beiden Dampfern herzustellen.

Gegen 8.15 Uhr wird auf 350 Hektometer Entfernung ein Mast gesichtet. Die *Gneisenau* läuft ab, der Admiral setzt die *Scharnhorst* auf diese Schiffe an. Nach etwa einer Stunde dreht die *Gneisenau* wieder zurück, um diese Schiffe in die Zange zu nehmen. Bevor der Gegner jedoch in Sicht kommt, meldet die *Scharnhorst*, sie habe ein feindliches Schlachtschiff, vermutlich die britische *Ramillies* (29.150 Tonnen, 8 x 38 cm-Geschütze) in Sicht. Admiral Lütjens entscheidet daraufhin, dass der Angriff abgebrochen wird.

Kapitän zur See Fein schlägt mit der Faust auf die Brückenschanz des deutschen Schlachtschiffs.

„Verdammt nochmal. Ein einzelnes altes Schlachtschiff. Wenn es tatsächlich die *Ramillies* war, dann versteh ich die Entscheidung des Admirals nicht. Der Pott ist ein Veteran des großen Krieges.

Unsere Artillerie mag vielleicht im Kaliber unterlegen sein, aber sie hat die größere Reichweite und wir sind in der Geschwindigkeit und im Panzerschutz weit überlegen. Mit solcher Vorsicht kann man doch keinen wirkungsvollen Handelskrieg führen."

Die umstehenden Offiziere stehen schweigend neben ihrem Kommandanten. Sie wissen, dass der Kapitän eigentlich recht hat, aber was soll man machen, wenn der Admiral anders befiehlt. Befehl ist nun mal Befehl.

Am 10. Februar ziehen sich die *Gneisenau* und die *Scharnhorst* wieder auf 40 Seemeilen zur Standlinie auseinander. Um ein aufkommendes Tief auszumanövrieren, geht der deutsche Verband mit 23 Knoten auf Kurs 300 Grad. Gegen 3 Uhr ist der erwartete Sturm da. Er formt sich schnell zum Orkan. Das Barometer fällt auf 958 Millibar. Bei Schnee- und Hagelböen wird einem unbekannten Dampfer ausgewichen, ohne ihn in Sicht zu bekommen. Die *Gneisenau* macht Umdrehungen, welche theoretisch für 7 Knoten gereicht hätten, doch bei Windstärken zwischen 8 und 10 aus West-Nordwest kommt sie kaum von der Stelle.

Auch am 12. und 13. Februar herrscht noch das gleiche Unwetter.

Am 14. Februar flaut es langsam ab. Gegen Morgen trifft der Verband die beiden Tanker *Schlettstadt* und *Esso*.

Sofort beginnt die *Gneisenau* die Ölübernahme von der *Schlettstadt*, die *Scharnhorst* von der *Esso*. Gegen Abend ist dies bereits abgeschlossen.

Am 16. Februar 1941 frischt der Wind wieder auf. Die Schiffe rollen bis zu 8 Grad. Vormittags soll die *Gneisenau* den Versorger *Uckermark* treffen. Dieser steht jedoch nicht auf der ausgemachten Position.

Der 17. Februar sieht den deutschen Verband nur etwa 250 Seemeilen ostwärts Kap Race bei Neufundland. Die Schiffe stehen 40 Seemeilen auseinander, wieder haben sie kein Glück mit dem Wetter, da die Sicht nur 35 bis 50 Hektometer beträgt. Nachmittags passiert die Kampfgruppe den Kern des Tiefs mit Windstille, kabbeliger See und starkem Regen. Bald darauf kommt wieder Wind aus Westen mit der Stärke 7 bis 8 auf und der Regen wird stärker. Die *Scharnhorst* wartet bei stockfinsterer Nacht auf die *Gneisenau*, die auf 20 Hektometer passiert.

Auch am 21. Februar wartet die Besatzung der *Gneisenau* vergeblich auf das Sichten eines Geleitzugs. Auch das Bordflugzeug wird zur Suche hinausgeschickt, kommt jedoch ohne Ergebnis wieder zurück.

Der 22. Februar 1941 bringt gegen 10 Uhr die Sichtung einer einzelnen Rauchwolke.

Da nach Meinung des Flottenchefs die Aussicht, noch auf einen Geleitzug zu stoßen, sehr gering ist, wird beschlossen den Einzelfahrer anzugreifen.

Das fremde Schiff wird durch Feuer der Mittelartillerie innerhalb kürzester Zeit versenkt.

Am selben Tag werden noch vier weitere Schiffe gesichtet und durch die schwere und mittlere Artillerie versenkt.

Nachmittags wird erneut das Bordflugzeug der *Gneisenau* zur erweiterten Suche eingesetzt. Es kehrt nach zwei Stunden zurück und meldet, dass es einen Dampfer mit 2 cm-Granaten, MG-Salven und Bomben angegriffen hat. Danach wurde ein Beutel mit Kursanweisungen auf die Brücke des Dampfers geworfen!

Nachdem sich die *Scharnhorst* abends bei der *Gneisenau* eingefunden hat, versuchen beide Schiffe das am Tage durch das Bordflugzeug aufgespürte und angegriffene Schiff zu finden.

Beide Schlachtschiffe marschieren in der Dunkelheit nach Osten und bekommen um 22 Uhr in 358 Grad Schiffspeilung auf 198 Hektometern eine EM II-Ortung.

Der Flottenchef entscheidet einen Angriff durch die *Gneisenau*. Das fremde Schiff kommt auf 45 Hektometer in Sicht. Als man auf 25 Hektometer aufgeschlossen hat, wird der fremde Dampfer unter Scheinwerferbeleuchtung durch die Mittelartillerie beschossen. Innerhalb weniger Minuten brennt das Schiff und bekommt starke Schlagseite. Kurz darauf versinkt es in den Fluten. Es werden 32 Überlebende aufgenommen, die in einem Kutter und in Flößen längsseits gekommen sind.

Am 23. Februar wird ein erneutes Auseinanderziehen der *Gneisenau* und der *Scharnhorst* befohlen, wiederum ohne Erfolg.

Nachmittags erfolgt ein Treffen mit dem deutschen Versorger *Ermland* und dem Tanker *Friedrich Breme*. Wegen des starken Seegangs wird die Ölübernahme auf den nächsten Tag verschoben. An diesem Tag wird die Übernahme beendet.

Die 148 Gefangenen, welche auf der *Gneisenau* interniert waren, werden an die *Ermland* übergeben. Es werden nur vier Kapitäne auf der *Gneisenau* einbehalten.

Zur Brennstoffersparnis wird zeitweise eine Turbine abgeschaltet.

Der 3. März bringt sehr viel Aufregung auf der Brücke. Es werden mehrere Ziele in 350 Kilometern Entfernung durch das EM II-Gerät erfasst. Später stellen sich diese Objekte als die Kanarischen Inseln heraus.

Das deutsche Unterseeboot *U 104* sichtet die beiden deutschen Schiffe am 5. März 1941 und meldet diese weiter.

Am 6. März 1941 steht die *Gneisenau* auf 24 Grad Nord und 20 Grad West, als auf 250 Hektometern Entfernung ein U-Bootsturm gesichtet wird. Es stellt sich als das deutsche *U 124* unter Kapitänleutnant Wilhelm Schulz heraus. Das Boot schließt auf Rufweite heran und es werden die neuesten Nachrichten ausgetauscht.

Am nächsten Vormittag steht die *Gneisenau* noch weiter südlich auf 19 Grad 31 Minuten Nord mit Kurs 160 Grad. Gegen 11 Uhr meldet die *Scharnhorst*, welche 35 Seemeilen weiter westlich marschiert, in 22 Seemeilen voraus ein Schlachtschiff mit westlichem Kurs. Auf der *Gneisenau* sichtet man gegen Mittag erst einen, dann mehrere Dampfer. Schließlich werden zwölf Schiffe ausgemacht. Ein Kriegsschiff wird dabei nicht gesichtet. Kurze Zeit später jedoch wird das bereits von der *Scharnhorst* ausgemachte Schlachtschiff gesichtet.

Im Verlauf der nächsten beiden Tage beginnt ein Katz- und Maus-Spiel mit dem feindlichen Verband.

Die deutschen Schlachtschiffe versuchen das Schlachtschiff, welches sich als die britische *Malaya* (29.150 Tonnen, 8 x 38 cm-Geschütze) herausstellt, und zwei leichte Kreuzer der Aurora-Klasse vom Verband abzuziehen. Die deutschen Kampfschiffe kommen jedoch nicht an den Verband heran. Flottenchef Admiral Lütjens gibt daher die Angriffsabsichten auf den Geleitzug auf und meldet durch Kurzsignal seine Absicht, durch den Tanker *Ermland* auftanken zu lassen, um dann auf der Nordroute zu operieren.

Beim Ablaufen vom Geleit wird ein Schwimmflugzeug gesichtet, welches als Fühlungshalter fungiert und funkt.

Nun ist es dem Gegner zum ersten Mal vollkommen klar, dass die deutschen Schlachtschiffe *Gneisenau* und *Scharnhorst* gemeinsam im Atlantik operieren.

Am 11. März 1941 übernimmt die *Gneisenau* Öl vom Tanker *Uckermarck*. Das Schwesterschiff *Scharnhorst* übernimmt Brennstoff von der *Ermland*, welche früher unter dem Namen *Altmark* traurige Berühmtheit erlangte.

Am nächsten Morgen wird noch Proviant übernommen, welcher für eine weitere Woche ausreichend ist.

Nachmittags wird eine Kommandantensitzung beim Flottenchef abgehalten. Daran nehmen auch die beiden Kommandanten der Tross-Schiffe teil. Diese sollen die Aufklärungslinie der beiden Schlachtschiffe nach außen hin verlängern. Es wird ein Abstand von 30 Seemeilen von Schiff zu Schiff festgelegt.

Die *Uckermarck* sichtet als linkes Flügelschiff am 15. März morgens einen Tanker, der auf Westkurs läuft.

Die *Gneisenau* läuft hinterher. Ein abgegebener Warnschuss, welcher dicht am feindlichen Schiff platziert wird, lässt den Tankerkapitän stoppen. Sein Funkraum wurde zudem durch Splitter stark beschädigt.

Es wird ein Prisenkommando an Bord des Tankers gebracht und dieses setzt Kurs auf die Girondemündung.

Am 16. März treffen die beiden Kampfschiffe auf weitere Dampfer. Diese werden angehalten, die Besatzung wird übernommen und die Schiffe versenkt. Doch das letzte und kleinste Schiff reagiert nicht auf den gegebenen Stopp-Befehl, sondern versucht unter dauerndem Kurswechsel und Einnebeln zu entkommen. Schließlich, nach einigen Treffern durch die mittlere Artillerie und der schweren Flak, brennt das Schiff achtern und vorn. Die Besatzung steigt in die Boote. Drei Mann werden aus einem Kutter übernommen. Während ein weiterer Kutter mit circa 25 Mann zur Rettung der Besatzung längsseits läuft, meldet die etwas abseits stehende *Uckermarck* ein sich schnell näherndes großes Kriegsschiff. Kurz darauf wird dieses als die britische *Rodney* (33.730 Tonnen, 9 x 40,6 cm-Geschütze) oder die *Nelson* (33.950 Tonnen, 9 x 40,6 cm-Geschütze) erkannt.

Auf der *Gneisenau* müssen daher die Leinen des Kutters getrennt werden. Unter Ausweichbewegungen und höchster Fahrt wird abgelaufen und dem artilleristisch weit überlegenen Gegner ausgewichen.

Nach dem Sammeln mit der *Scharnhorst* läuft der Verband unter Ostkurs auf das französische Brest zu.

Unter der üblichen U-Boots- und Minensicherung läuft der Kampfverband am Morgen des 22. März auf die Reede von Brest ein.

Nach dem Einlaufen der beiden deutschen Schlachtschiffe in den französischen Hafen von Brest am 22. März 1941 ist für die *Gneisenau* eine mehrwöchige Werftüberholung angesetzt. Das langwierigste ist die Überholung der Maschinenanlage. Ansonsten sind keine längeren Reparaturen notwendig.

Das schwere Schiff liegt in einem der beiden Trockendocks und wartet darauf, dass das beschädigte Docktor wieder instandgesetzt wird, um es zum Eindocken zu lenzen. Dies ist am 4. April 1941 der Fall.

Schließlich liegt die *Gneisenau* am 5. April auf der vorbereiteten Dockstapel. Als sie trockengefallen ist, entdeckt man unter dem Schiffsboden eine unbeschädigte Fliegerbombe.

Der I. Offizier Kapitän zur See Rudolf Peters, der den beurlaubten Kommandanten Kapitän zur See Otto Fein vertritt, entschließt sich, das Dock zu verlassen und nach Beseitigung der Bombe erneut einzudocken. Dazu verholt die *Gneisenau* mit Schlepperhilfe an die Boje A, Torpedoschutznetze sind nicht vorhanden.

Am nächsten Morgen, dem 6. April 1941 um 7.16 Uhr gibt es eine starke Erschütterung im Schiff. Ein einzelnes Flugzeug greift bei Wind Nord-Nordwest und Windstärke 6 bis 7 und niedriger Wolkendecke, bei einer Sicht von gerade einmal 1.000 Metern das Schiff in einer Flughöhe von weniger als 20 Metern mit einem Torpedo an. Das einzelne Flugzeug ist erst auf einer Entfernung von

600 Metern gesichtet worden. Es wird heftig beschossen, letztendlich getroffen und stürzt ab.

Der Torpedo trifft jedoch das Schiff Steuerbord achtern in Abteilung IV. Die achteren Artillerie-Rechen- und Schaltstellen sowie andere wichtige Räume fallen aus.

Durch diesen schweren Treffer verliert die *Gneisenau* ihre Reserveführungselemente der Artillerie. Das Schiff dockt wieder ein, nachdem der Blindgänger entfernt worden ist.

Am 10. April um 23.35 Uhr wird die *Gneisenau* erneut das Ziel englischer Flugzeuge. Vier Bomben treffen das Schiff. Eine trifft die Schwenkkranz-Oberkante von Turm *Bruno*, detoniert an der Barbette des Turmes an Steuerbord, durchschlägt den Oberdeckspanzer des Turmes und drückt ihn nach innen ein.

Die zweite Bombe nimmt den gleichen Weg, detoniert auf dem Panzerdeck beim Turm *Bruno* an Steuerbord.

Die dritte Bombe durchschlägt das Aufbaudeck, das Oberdeck und das Batteriedeck an Steuerbord beim Spant 148 neben dem Panzerluk in Abteilung XIV und detoniert im Zwischendeck an Steuerbord von Turm *Bruno*.

Die vierte Bombe ist ein Blindgänger. Sie wird erst am 25. April beim Aufräumen im Batteriedeck in der Ecke zwischen Kantinenraum und Deckswand gefunden.

Die Verluste sind erheblich. Es werden 78 Gefallene und 84 teils schwer Verwundete gezählt. Von den Verwundeten sterben später zehn weitere. Die Gefallenen werden am 15. April auf dem Friedhof von Brest beerdigt.

Auch die technischen Schäden, welche diese drei Bomben anrichteten, sind ganz erheblich:

– Der Turm *Bruno* kann nicht geschwenkt werden.
– Die vordere Flugabwehr-Schalt- und Rechenstelle ist ausgefallen.
– Die vordere E-Kompassanlage und ein Teil der Bü-Mittel in der Kommandozentrale sind ausgefallen.
– Das Panzerdeck wurde nicht durchschlagen, nur an den Trefferstellen durchbogen.
– Kombüse und Bäckerei sind vollständig zerstört.
– Alle Wohndecks ab Abteilung XIII nach vorn sind durch Bombentreffer oder Brand ausgefallen.

Bei einer Werftsitzung am 14. April wird festgestellt, dass die Beseitigung der entstandenen Trefferschäden mindestens vier Monate in Anspruch nehmen wird.

Zum 17. April meldet sich Großadmiral Erich Raeder an. Er kommt an Bord des Schlachtschiffes und lässt sich über die Art der Schäden und die Dauer der Wiederherstellung des Schiffes unterrichten. Ausführlich wird der Oberbefehlshaber der Marine über die Schäden und über den Stand der Instandsetzung in Kenntnis gesetzt. Es wird nichts ausgelassen und nichts beschönigt. Großadmiral Erich Raeder befiehlt die Aufstellung einer Tarnkompanie aus dem Personal der nicht einsatzfähigen Schiffe. Sie soll dem Oberwerftdirektor zur Tarnung der Werftlieger und der Umgebung der Docks zur Verfügung stehen.
Voller Eifer gehen die Matrosen ans Werk. Nichts ist für sie schlimmer als ewige Liegezeiten und der damit einhergehende Trott aus eintönigem Dienst und aufkommender Langeweile, auch wenn von der Schiffsfüh-

rung und der Marineleitung einiges an Abwechslung zur Freizeitgestaltung geboten wird.

Mit Tarnmatten werden das Schiff und die Umgebung des Docks getarnt. Zum Schutz gegen Treffer wird das Oberdeck außerdem mit dicken Panzerplatten ausgelegt. Diese werden dann mit Farbe in bestimmten Mustern bepinselt, um das Schiff bestmöglich mit der Umgebung verschmelzen zu lassen.

Die Reparaturen an der *Gneisenau* werden planmäßig durchgeführt. Es kommt zu keinen größeren Zwischenfällen. Die *Gneisenau* erhält dabei zwei Torpedorohrsätze von je drei Rohren des Kalibers 53,3 cm. Diese werden achtern hinter Turm *Cäsar* aufgebaut. Außerdem wird die Flugzeuganlage umgebaut. Das Schiff erhält eine Halle mit eingebauter Schleuder, sodass ein Flugzeug des Typs Arado Ar 196 aus der Halle hinauskatapultiert werden kann.

In der Reede von Brest werden Klingscheiben- und Abkommschießen durchgeführt, Abstimmung der Funkanlage und Schießen mit Übungstorpedos. Der Ausbildungsstand der Besatzung wird kontinuierlich weiter vorangebracht. Immer wieder kommt es jedoch zu Versetzungen. Alte Matrosen gehen, dafür kommen neue an Bord. Diese müssen dann wieder in die Bordgemeinschaft integriert werden. Das Waffensystem der *Gneisenau* kann nur perfekt funktionieren, wenn jedes einzelne Rädchen optimal ineinander greift.

Immer wieder kommt es zu Luftangriffen durch die Royal Air Force. Die Briten wissen genau, welche Gefahr von den schweren Einheiten der Kriegsmarine ausgehen würde, wenn es ihnen gelänge in den Atlantik zu kommen. Daher ist das Hauptaugenmerk der Engländer auch, die drei schweren Einheiten *Scharnhorst*, *Gneisenau* und *Prinz Eugen* auszuschalten oder zumindest so schwer zu beschädigen, dass ein Einsatz nicht möglich wäre.

Es muss ein immenser Aufwand betrieben werden, um die Marineeinheiten wenigstens einigermaßen vor den regelmäßigen Angriffen der britischen Bomber und Torpedoflieger zu schützen. Nicht nur die deutschen Jagdflugzeuge sind über Brest gebunden, auch eine immer massivere Flak-Bestückung des Hafengebiets fesselt wertvolle Ressourcen.

Trotz der unternommenen Schutzmaßnahmen erhält die *Gneisenau* am 6. Januar 1942 einen Nahtreffer im Dock. Die Bombe schlägt an der Dockseite ein. Sie zerstört bei der Explosion die Außenhaut auf etwa 1 Meter und beschädigt einige Dockstapel. Der Schaden beeinträchtigt die Kampfkraft des Schlachtschiffes zwar nicht, dennoch muss er bei der nächsten Werftzeit repariert werden. Wieder ist das Schlachtschiff nicht voll einsatzfähig. Die Marineleitung ist über die dauerhafte Bedrohungslage der schweren Einheiten in Brest alles andere als glücklich.

Aus verschiedensten Gründen, wie zum Beispiel die Sicherung der norwegischen Küste vor einer feindlichen Offensive gegen die deutsche Nordflanke, aber auch durch die andauernde Bedrohung der Schiffe durch alliierte Bomber wird die Rückverlegung der Schiffe *Gneisenau*, *Scharnhorst* und *Prinz Eugen* nach Norwegen am 12. Januar 1942 bei einer Besprechung des Obersten Befehlshabers im Führerhauptquartier Wolfsschanze befohlen.

Diese Rückverlegung soll durch den englischen Kanal erfolgen. Die zweite mögliche Route um Schottland herum ist wegen der beinahe unvermeidlichen Kampfberührung mit der britischen Homefleet grundsätzlich ausgeschlossen. Ein Schutz durch die deutsche Luftwaffe und eine Absicherung der drei schweren Einheiten durch Zerstörer, Torpedoboote, Minensucher und andere Einheiten ist auf dieser Route beinahe unmöglich. Dieses Zusammentreffen der drei Schiffe, ohne Luftunterstützung auf deutscher Seite hätte zwangsläufig den sicheren Verlust der schweren Einheiten bedeutet.

Ein Kanaldurchbruch unter dem Luftschirm deutscher Tag- und Nachtjäger, begleitet von Zerstörern und den anderen Unterstützungseinheiten der Kriegsmarine zusammen mit dem Überraschungseffekt nach einer gründlichen Planung und Vorbereitung würde wenigstens eine gewisse Aussicht auf Erfolg haben, ganz abgesehen von der ungeheuren Propagandawirkung bei einem Gelingen.

Nach gründlichster Vorbereitung der Luftwaffe und Kriegsmarine wird das Auslaufen für den 11. Februar 1942 um 20.30 Uhr festgelegt. Um 20 Uhr herrscht auf der *Gneisenau* eine Betriebsamkeit wie in einem Ameisenhaufen. Auf den beiden anderen Schiffen, der *Scharnhorst* und der *Prinz Eugen* sieht es nicht anders aus. Letztmalig wird alles Erdenkliche noch einmal genau kontrolliert und überprüft. Waffen werden zum tausendsten Mal überprüft, Maschineneinstellungen überwacht, Munition bereitgelegt.

Langsam senkt sich die Nacht über das Deck der *Gneisenau* und der übrigen Einheit im Hafen.

Nur die wenigsten, die sich auf den waffenstarrenden Stahlfestungen aufhalten, wissen zu dieser Stunde, was das Ziel dieser Betriebsamkeit am Ende sein soll, was Sinn und Zweck der geltenden Befehle ist.

Matrosen laufen unter den Rohren der schweren 28 cm-Geschütze der *Gneisenau* hindurch, die wie drohend in den Himmel gereckte Finger eines Riesen wirken.

Oben auf der Brücke steht Kapitän zur See Otto Fein und beobachtet das stete Treiben auf seinem Schiff.

Vom Hafen her erklingt das Heulen eines Schleppers.

Leichter Regen nieselt auf die Schiffe hernieder. Eine dichte Wolkendecke liegt über der Landschaft um den großen Hafen von Brest.

Kapitän Fein schaut auf seine Uhr.

„Noch 20 Minuten", murmelt er vor sich hin.

Die Führung des Unternehmens, welches keineswegs zu Unrecht als tollkühn bezeichnet werden kann, hat auf höherer Ebene von Brest bis zur Schelde-Mündung die Marinegruppe West inne, von der Schelde-Mündung bis zu den Heimathäfen obliegt die Verantwortung bei der Marinegruppe Nord in Kiel. Ständige Verbindung herrscht zum General der Jagdflieger, welcher die Einsätze seiner Kräfte auf den Flugplätzen der Absprungzone I zwischen Abbeville, Lille und Calais koordiniert.

„Noch zehn Minuten!", ruft Fein mit ruhiger Stimme zum Ersten Offizier Kapitän zur See Rudolf Peters.

Dieser nickt dem Kommandanten zu und meint: „Meldung von allen Abschnitten, ob Schiff klar."

Nach und nach kommen dann die Klarmeldungen der einzelnen Abteilungen auf der Brücke an.

Das Deck des Schiffes vibriert unter den Füßen der Offiziere und Matrosen im Rhythmus der Maschinen wie ein in Ketten gelegter Gigant, der nur darauf wartet, sich losreißen zu können, um seine ungeheure Kraft zu entfesseln.

Die Besatzungen der Schiffe befinden sich bereits auf ihren Gefechtsstationen.

Die tollsten Gerüchte hatten in den letzten Tagen die Runde gemacht. Von Atlantik bis Pazifik war alles dabei. Die Gerüchteküche brodelte unablässig und jeder der Männer wusste es ganz genau und hatte es von einer sicheren Quelle gehört.

Mit kleinen Sprüngen hüpft der Sekundenzeiger auf der Uhr des Kapitäns der Zwölf entgegen.

Die Sekunden verwandelten sich anscheinend zu Stunden.

Wie gebannt beobachtet der Kommandant der *Gneisenau* den Zeiger seiner Uhr.

Als die Schlepper endlich beginnen das Flaggschiff, welches diesmal die *Scharnhorst* ist, von der Pier abzuziehen, gibt es überraschend Fliegeralarm.

Von den Stützpunkten an den vorspringenden Kaps vor der Reede dröhnt plötzlich das Feuer der schweren Flak. Fast gleichzeitig beginnen glühende Lichterketten die Rohre der Schiffs-Flak zu verlassen.

Irgendwo über den Wolken ist das dunkle Brummen von zahlreichen Flugzeugmotoren zu hören.

Künstlicher Nebel löst sich an vielen Stellen des Hafengebietes und überzieht die Schiffe mit einer milchigen Schicht. Die Männer auf der Brücke der *Gneisenau* können nichts erkennen, außer dem stetigen Aufblitzen der explodierenden Flak-Granaten aller Kaliber in der dichten Wolkendecke. Zusammen mit dem unaufhörlichen Grummeln und Brodeln der detonierenden Granaten wirkt das Firmament wie bei einem gewaltigen Gewitter.

Noch immer nimmt der Feuerorkan der Flugabwehrgeschütze zu. Im schnellsten Takt feuert die schwere, mittlere und auch die leichte Flak auf den Schiffen und an Land.

In das wütende Bellen der verschiedensten Flak-Geschütze mischt sich schon bald das grelle Pfeifen von fallenden Bomben unterschiedlicher Größe und schon kurz darauf ertönen schwere Explosionen.

Unverzüglich machen die Schiffe wieder fest. Der Auslaufbefehl besagte eindeutig, dass bei mehr als zwei Stunden Verspätung das Inseegehen auf einen anderen Zeitpunkt verschoben werden muss. Ansonsten würde man bei einer weiteren Verspätung eine ungünstige Gezeitenströmung bei Dover vorfinden.

Die Entwarnung kommt jedoch gerade noch rechtzeitig. Die Schiffe können nun um 23 Uhr aus Brest auslaufen. Begünstigt wird das Auslaufen nun dadurch, dass das Hafengelände von Brest aus Tarnungsgründen beim Luftangriff eingenebelt wurde und das zur Bewachung des Hafens auf See platzierte britische Unterseeboot *Sealion* in dieser Nacht um 21.35 Uhr die Beobachtung eingestellt hatte, da der Kommandant ein Auslaufen der Flotte noch in dieser Nacht für sehr unwahrscheinlich hielt.

Es herrscht auf See wie erhofft schlechtes Wetter und Nebel.

Die Reihenfolge der Schiffe ist wie folgt: Die *Scharnhorst* unter dem Kommando von Kapitän zur See Kurt Caesar Hoffmann mit dem Befehlshaber der Schlachtschiffe Vizeadmiral Otto Ciliax, welcher selbst einmal Kommandant der *Scharnhorst* war an Bord, die *Gneisenau* unter der Führung von Kapitän zur See Otto Fein und der schwere Kreuzer *Prinz Eugen,* welcher von Kapitän zur See Helmuth Brinkmann befehligt wird.

Anschließend folgen fünf Zerstörer, welche auf offener See auf ihre vorgesehenen Sicherungsposten ausscheren.

Der Verband passiert die Ausfahrt des Hafens von Brest und bald schieben sich die Buge der Schlachtschiffe und des schweren Kreuzers durch das aufschäumende Wasser des Meeres.

Vorbei geht es für den deutschen Verband an der Halbinsel Espagnol und er nimmt Kurs auf die Insel Quessant.

Drei stählerne Riesen sind zu sehen, an deren Flanken die schnittigen Silhouetten von mehreren Zerstörern zu erkennen sind, die wie ein Rudel Wachhunde sichernd neben den Giganten fahren.

Um 2 Uhr spricht der Kommandant über die Bordlautsprecher zur Besatzung und gibt die Aufgabe des Kampfverbandes bekannt. Endlich herrscht Gewissheit unter der Besatzung und ein tiefes Raunen dringt durch die verschiedenen Abteilungen. Kapitän Otto Fein teilt der staunenden Besatzung mit, dass die Schiffe nach entsprechender Planung die Dover-Enge bei helllichtem Tage passieren werden.

Doch noch hängt die Nacht wie eine schwarze Wand über der See.

Ein steifer Nordwest-Wind kräuselt die Wellen und lässt sie an die stählernen Leiber der Schiffe schlagen.

Mit schäumender Bugwelle durchpflügt die *Gneisenau* zusammen mit den beiden anderen großen Schiffen den Ozean mit Kursrichtung Ile d'Quessant, die in einer Entfernung von 14 Seemeilen dem Festland und der Hafeneinfahrt von Brest vorgelagert ist. Es herrscht eine stille, unheimliche Finsternis rund um den deutschen Flottenverband.

Um genau 2.13 Uhr lässt der Flottenchef den Verband Kurs auf den englischen Kanal nehmen.

Nirgendwo sehen die Matrosen, die die Möglichkeit haben sich umzuschauen, ein einziges Licht in der dunklen Umgebung.

Noch immer begleiten die flinken Zerstörer den deutschen Verband und decken die Flanken.

Die Geschütze schweigen und sind doch drohend in den Himmel gerichtet. Aus den Äthern der Funkanlagen kommt kein Ton. Überall auf den Schiffen herrscht eine nervenzehrende Stille.

Mit einer Geschwindigkeit von 26 bis 30 Knoten schiebt sich die Flotte um die Insel Quessant herum und somit dem Kanal entgegen.

Langsam zeigt sich von Osten her ein heller Schein in der grauen Wand der Morgendämmerung.

In feinen Schwaden rieselt der Regen aus den tief hängenden Wolken.

Von Morgengrauen an soll ein laufender Schutz durch deutsche Jäger und Torpedoboote sowie Schnellboote erfolgen. Um 8.37 Uhr beginnt die Morgendämmerung. Bereits zehn Minuten später erscheinen die ersten deutschen Jäger über dem Verband, der in Kiellinie durch das grau-blaue Wasser schiebt. Es handelt sich um Messerschmitt Me 110. Diese Flugzeuge eignen sich als Schutz bei Dämmerung besser als die einmotorigen Messerschmitt Me 109 oder Focke-Wulf Fw 190.

Noch werden weder feindliche Schiffe noch Flugzeuge gesichtet, der Feind ist völlig ahnungslos.

Die einzigen Flugzeuge, welche über dem Verband kreisen, sind die eigenen Jäger. Es sind stets 16 bis 32 Flugzeuge beim Kampfverband. Zunächst halten sich die deutschen Flugzeugführer in geringer Höhe auf, um nicht auf den feindlichen Radargeräten zu erscheinen und so vielleicht den Schiffsverband zu verraten.

Der Kampfverband passiert die Steilküste ostwärts der Seine-Mündung. Um genau 10.15 Uhr stoßen die Boote der 2. und 3. Torpedobootsflottille aus Le Havre und Dünkirchen kommend zum Verband.

Die Horchfunker sitzen in der Funkzentrale vor ihren Geräten. Sie haben eine stille, unauffällige, aber unglaublich wichtige Aufgabe zu erfüllen. Konzentriert starren sie auf die bunt schillernden Skalen, die unzähligen Einstellungsknöpfe und die blau-grau gestrichenen Kästen mit ihrem Wirrwarr aus Spulen, Röhren, Kondensatoren, Kabeln und Schaltsystemen.

Jedes noch so unverdächtige Zirpen müssen sie erkennen, auch die Funksprüche des Gegners mithören und auf die Anweisungen der Einsatzleitung achten.

Doch es bleibt weiterhin alles ruhig und unauffällig. Nichts deutet darauf hin, dass die Briten das Unternehmen aufgeklärt haben könnten.

In den Gläsern der Ausgucke zeichnet sich die Küste Großbritanniens deutlich ab.

Man sieht sie und doch scheint sie verhüllt von einer Mauer der Ungewissheit.

Ab 11 Uhr stehen zehn Boote der 4. Schnellbootsflottille als Flankensicherung zum Feind.

Als sich der Verband der Engstelle zwischen Dover und Calais nähert, wird er von einem feindlichen Aufklärer gegen 11.42 Uhr gesichtet. Diese Meldung erreicht das britische Hauptquartier um 12.09 Uhr. Alle Stellen gehen nun davon aus, dass das Unternehmen *Donnerkeil-Cerberus* entdeckt war.

Doch zur Überraschung aller Beteiligten passiert nichts.

Die 5. Torpedobootsflottille mit alten Booten der Raubvogel- und Raubtier-Klasse aus Vlissingen kommend, stößt um 13.26 Uhr zum Verband. Gerade in diesem Moment hat der Kampfverband den ersten Feindkontakt.

Die engste Stelle des Kanals zwischen Dover und Calais wird um 12.56 Uhr passiert. Erst unglaubliche 35 Minuten später sind beim Gegner erste Gegenmaßnahmen zu erkennen. Niemand hätte im Vorfeld der Planung damit gerechnet, dass der englische Feind so spät reagiert.

An Backbord sieht und hört man Einschläge von Granaten, abgefeuert von einer Landbatterie.

Diese Granaten vom Kaliber 23,4 cm, abgefeuert von Geschützen bei Dover erreichen die Schiffe nicht mehr. Die Einheiten sind längst aus deren Feuerbereich hinaus.

Diese Granaten sind jedoch das erste Zeichen dafür, dass die Briten den Durchbruchsversuch entdeckt haben.

Ab 13.32 Uhr greifen insgesamt sechs Torpedoflugzeuge des Typs Swordfish an. Geschützt werden sie von mehreren Spitfire. Sofort stürzen sich die deutschen Jäger auf die feindlichen Maschinen und es entwickelt sich eine wilde Kurbelei. Die Schiffe verwandeln sich zu feuerspeienden Ungetümen. Neben den zahllosen Flugabwehrgeschützen feuern auch die mittleren und schweren Artilleriegeschütze. Keiner der abgeworfenen Torpedos trifft. Alle angreifenden Swordfish und mehrere britische Jagdmaschinen werden abgeschossen.

Kapitän zur See Otto Fein wird eine Kladde gereicht. Er öffnet sie und liest die Meldung: *Offenes Visier*.

„Die Meldung kam gerade rein", meint der Erste Offizier Kapitän zur See Rudolf Peters.

„Also ist die Funkstille aufgehoben, sämtliche Tarnmaßnahmen fallen weg", erwidert Fein und blickt seinen IO an.

Dieser nickt bestätigend.

„War zu erwarten. Die Lords drüben werden den vollen Umfang des Unternehmens nun wohl erkannt haben."

Schlingernd und stampfend zerpflügen die schweren Einheiten weiterhin die See zwischen der Meerenge Dover-Calais.

Die Wolkendecke hängt höchstens noch 200 bis 300 Meter hoch.

Die Luft ist weiterhin erfüllt mit dem Dröhnen unzähliger Flugzeugmotoren.

Jagdflugzeuge mit schwarzen Balkenkreuzen auf den Rümpfen und Tragflächen kurven am Himmel herum.

Kapitän zur See Otto Fein steht weiterhin auf der Brücke und blickt mit seinem Fernrohr umher über das Wasser. Er gibt ruhig und präzise seine Befehle.

Sein Gesicht wirkt angespannt und steinern.

Reglos wie eine Statue steht der Gefechtsrudergänger auf seinem Posten. Mit stoischer Ruhe beantwortet er jeden Ruderbefehl und führt ihn aus.

Pausenlos kommen Meldungen aus dem Leib des Schlachtschiffes und immer wieder schrillen die Telefone.

Auf den Decks unter der Brücke schweigen nun wieder die Flugabwehrgeschütze.

Die Türme der schweren Artillerie sind drohend auf die englische Küste gerichtet.

In regelmäßigen Abständen geben die E-Messer ihre Meldungen durch.

Etwa gleichzeitig greifen britische Motortorpedoboote aus Dover an. Sie versuchen durch die deutschen Sicherungskräfte hindurch an die schweren deutschen Einheiten heranzukommen, um auf erfolgversprechende Entfernung ihre Torpedos abzufeuern. Jedoch müssen sie ihre Waffen frühzeitig abfeuern, da das Abwehrfeuer zu massiv und stark ist. Sie drehen ab, ohne ein Ziel getroffen zu haben.

Darüber hinaus machen sich insgesamt 242 britische Bomber und Torpedoflugzeuge auf den Weg, doch wegen des schlechten Wetters können nur 39 Flugzeuge den Verband überhaupt finden und von diesen erzielt kein einziges einen Treffer.

Wieder verwandeln sich die deutschen Schiffseinheiten zu feuerspeienden Vulkanen.

In Harwich stationierte Torpedoboote, welche bereits vormittags zu einer Übung auf See waren und die Nachricht vom deutschen Durchbruchsversuch erhalten, steuern nun ebenfalls den deutschen Flottenverband an. Um noch rechtzeitig an den mit hoher Fahrstufe laufenden deutschen Verband heranzukommen, müssen sie mit hoher Geschwindigkeit durch ein altes, von den Deutschen gelegtes Minenfeld fahren.

Auf der *Gneisenau* kommt eines dieser Schiffe auf großer Entfernung in Sicht. Es läuft mit etwa gleichem Kurs mit.

Da der Wind auf etwa West-Südwest bei ungefährer Windstärke 7 bis 8 aufgefrischt hat und der Fahrtwind bei nordöstlichem Kurs und hoher Fahrt genau entgegengesetzt ist, heben sich Fahrtwind und wahrer Wind nahezu auf. Dadurch bleibt der Abschussqualm lange über den Schiffen stehen.

Aufgrund dieser Sichtbehinderung entschließt sich der I. Artillerieoffizier der *Gneisenau* Fregattenkapitän Wolfgang Kähler nur mit dem Turm *Cäsar* auf das britische Torpedoboot zu feuern. Nachdem sich der Pulverqualm dieser drei Schüsse verzogen hat, ist vom feindlichen Boot nichts mehr zu sehen. Da eindeutig kein feindliches Torpedoboot während dieses Gefechts verloren gegangen ist, bleibt als einzige Erklärung übrig, dass das Boot nach Verschießen seiner Torpedos wieder abgedreht ist und so wieder außer Sicht kam.

Unmittelbar vor dem Torpedobootangriff ertönte auf der *Scharnhorst*, welche als Flaggschiff vorne fährt, ein lauter Knall. Das Geräusch der schweren Detonation hallt über das Wasser.

Mit einem Ruck heften sich sofort alle Blicke auf der Kapitänsbrücke der *Gneisenau* auf das Flaggschiff. Eine riesige Wassersäule wirbelt am Rumpf des Schlachtschiffes in die Höhe, während das Echo der Explosion weiterhin grollend über das Wasser donnert.

Gleichzeitig sind dort starke Dampf- und Qualmwolken zu sehen, welche aus dem Schornstein entströmen.

Das Schiff bleibt ohne Eigenbewegung liegen.

„Grundmine", kommentiert der Erste Offizier das Gesehene.

Befehlsgemäß übernimmt nun der Kommandant der *Gneisenau* Kapitän zur See Otto Fein die weitere Führung des Gefechtsverbandes.

Mit einer kleinen Kursänderung geht die *Gneisenau* an der havarierten *Scharnhorst* vorbei.

Vier Torpedoboote bleiben beim bewegungslosen Schwesterschiff.

Die Besatzung der *Gneisenau* sieht, wie zahllose Menschen über das Deck der *Scharnhorst* laufen. Von der Brückennock am Gefechtsmast werden Morsezeichen zu *Z 29* herübergegeben.

Wie in seinem Befehl für den Kanaldurchbruch festgelegt und nun bestätigt, geht der Zerstörer *Z 29* längsseits der *Scharnhorst* und übernimmt den Befehlshaber Admiral Ciliax samt Stab.

Es stellt sich heraus, dass unter der *Scharnhorst* tatsächlich eine Grundmine explodiert ist.

Während der nächsten zwei Stunden erfolgen immer wieder einzelne Angriffe durch Torpedoflugzeuge des Typs Beaufort.

Der Kanal ist jedoch praktisch durchquert.

Doch es erscheint so, als ob die Briten erst jetzt richtig mitbekommen, welch ein ungeheuerlicher Vorgang sich vor ihrer Nase abspielt.

Nun kommen pausenlos Flugzeugverbände von der britischen Insel herüber und stürzen sich auf die Schiffe, welche die Kanalenge gerade hinter sich gebracht haben und mit hoher Fahrt nach Nordosten auf die holländische Küste zulaufen.

Da jedoch eine niedrige Wolkendecke vorherrscht, finden viele Flugzeuge den Verband nicht.

Aus eben diesen tief hängenden Wolken heraus jagen nun zwei britische Torpedoflugzeuge auf den schweren Kreuzer *Prinz Eugen* zu.

Sie nähern sich im Schutz eines Dunstschleiers, der über dem Wasser liegt.

Wie zwei riesige Hornissen rasen sie durch die grauen Wolkenfetzen ihrem Opfer entgegen.

Vom Deck des Kreuzers und der beiden Schlachtschiffe brüllt die Flak-Artillerie auf.

Die Geschossketten vermengen sich zu einem Gitternetz aus Lichtergirlanden. Es scheint unmöglich, dass es einem Feindflugzeug gelingen könnte, durch dieses Gitterwerk zu schlüpfen.

Unaufhörlich rollt das Echo der Abschüsse über das Wasser. Bomben prasseln durch die Wolkendecke und detonieren irgendwo zwischen den Schiffen in turmhohen Gischtbergen.

Die beiden englischen Maschinen sind noch immer im Anflug auf die *Prinz Eugen*.

Plötzlich drehen sie vor der glühenden Feuerwand, die die Flak vor den schweren Kreuzer legt, ab und stoßen in die Wolkendecke hoch.

Zwei Torpedolaufbahnen ziehen durch das schäumende Wasser, doch es ist kein Problem für den Kreuzer den Torpedos auszuweichen, da sie aus zu weiter Entfernung abgeworfen worden sind.

Keine zwei Minuten später schwenkt eine Gruppe von Blenheim-Bombern auf die *Gneisenau* ein.

Auch diese Maschinen sind sofort eingehüllt in einen Mantel aus tausenden von Flak-Geschossen.

Einer der Bomber beginnt zu wanken, löst sich aus der Formation und zieht mit einer schwankenden Bewegung den Wolken entgegen.

Die Sicht ist inzwischen noch schlechter geworden.

Kaum 300 Meter hoch hängen die Wolken.

In den Wolken oder auch über dem Wolkenband hören die Matrosen auf den Schiffen immer wieder das Grollen von unzähligen Flugzeugmotoren.

Aus allen Himmelsrichtungen werfen sich die britischen Flugzeuge auf den deutschen Flottenverband.

Es gelingt jedoch keinem der Flugzeuge, seinen Angriff erfolgreich abzuschließen.

Auch die deutschen Jagdmaschinen tauchen immer wieder in den Feuerorkan, den die deutschen Schiffe entfachen. Sie stürzen sich auf die feindlichen Flugzeuge und zwingen sie immer wieder abzudrehen.

Die grau-blaue Wasseroberfläche ist vielfach von Wrackteilen zerschellter Flugzeuge bedeckt.

Dazwischen sehen die Schiffsbesatzungen immer wieder gelbe Punkte herumschwimmen.

Es sind die Besatzungen der abgeschossenen Flugzeuge in ihren gelben Schwimmwesten, die hilflos im eiskalten Wasser herumtreiben.

Geschossgarben zischen über sie hinweg, Querschläger peitschen durch die Wellen.

Wieder kurven zwei Blenheim-Bomber auf die *Prinz Eugen* ein. Die Flak des schweren Kreuzers feuert wie wahnsinnig.

Als sich einige Focke-Wulf-Jagdflugzeuge hinter die Engländer hängen, stellt die Flak das Feuer jedoch ein. Nun können die deutschen Jäger die Briten mit MG- und Bordkanonen-Garben eindecken und schnell drehen die beiden Blenheim in die Wolkendecke ab.

Die deutschen Jagdflugzeuge gehen in den Tiefflug über, rasen dicht über das Deck des Kreuzers und beschreiben eine enge Wendekurve.

Sofort suchen die Jäger neue Feindflugzeuge und hängen sich an diese.

Die Uhr auf der Brücke der *Gneisenau* tickt auf die fünfte Mittagsstunde zu.

Seit dem Auslaufen aus Brest waren nun rund 17 Stunden vergangen.

Davon erleben sie nun schon über drei Stunden Fahrt in einer Hölle aus Fliegerangriffen, Beschuss durch Küstenartillerie, Schnellbootangriffen und Geschützfeuer von englischen Zerstörern.

Über den Wolken brummen die Motoren deutscher Bombenflugzeuge, die den gesichteten englischen Zerstörern entgegenfliegen.

Ihr Flugweg kreuzt sich mit dem der englischen Kampfflugzeuge, die im Schutz der dichten Wolkendecke versuchen, an den deutschen Flottenverband heranzukommen.

Trotz allem fährt der deutsche Flottenverband weiter.

Kapitän zur See Fein kommt dies alles wie ein Wunder vor.

Keines der unzähligen englischen Flugzeuge konnte bisher auf eines der Schiffe einen entscheidenden Treffer anbringen.

Seine Augen brennen vor Müdigkeit, dennoch ist ihm keine Ruhe vergönnt.

Immer wieder beobachtet er das Geschehen rund um sein Schiff. Unaufhörlich rasseln die Bordtelefone, immer wieder bringen Meldegänger neue Nachrichten.

Weit unter der tiefen Wolkendecke huschen Focke-Wulf und Messerschmitt-Jäger trotz des geradezu mörderischen Flugwetters zwischen den Schiffen hin und her.

Wieder wird ein Bomber abgeschossen, der auf die *Gneisenau* zuflog. Wie ein Komet schlägt er mit einem brennenden Schweif hart auf die Wasseroberfläche auf. Gischt und Trümmerteile spritzen hoch. Kurze Zeit später ist von der Blenheim nichts mehr zu sehen.

Gegen 16.43 Uhr stoßen die *Gneisenau* und die *Prinz Eugen* auf sechs britische Zerstörer. Es kommt zum Gefecht. Neben der *Prinz Eugen* detonieren die Granaten der englischen Zerstörer. Sie verfehlen ihr Ziel. Sekunden später löst sich aus den Rohren der 20,3 cm-Geschütze des *Prinzen* eine Breitseite. Mit dem Grollen eines Gewitters fliegen die Granaten in Richtung Westen.

Auf einem der feindlichen Zerstörer ist eine Explosionswolke zu sehen.

Weit auseinandergezogen durchpflügen die deutschen Schiffe nun die See.

„Der Verband befindet sich auf Höhe der Schelde-Mündung", bekommt Kapitän zur See Otto Fein die Meldung vom Brückenmaat.

Immer wieder ist der Donner der Schiffsgeschütze zu hören. Die Explosionsdämpfe umhüllen beinahe das ganze Schiff.

Aus dem Dunst heraus rast plötzlich eine Spitfire. Keine zehn Meter von Fein entfernt donnert sie an der Brücke des Schlachtschiffes vorbei.

In Fahrtrichtung blitzt es auf einmal in den Wolken auf. Es sieht aus, als ob in der grauen Wolkenwand ein Feuer ausgebrochen ist. Zuerst hat das Licht eine gelbe Färbung. Dann lodert es grellrot auf. Teile eines Flugzeugs fallen auf das Wasser. Ein von der Explosion herausgerissener Motor folgt. Vor dem mächtigen Bug der *Gneisenau* wird das Wasser durch die herabregnenden Teile noch mehr aufgewühlt. Fein beobachtet das Schauspiel mit vor Müdigkeit und Anspannung rot unterlaufenen Augen.

Der Nachhall der Detonation peitscht über das Wasser, halb verschluckt vom erneuten Aufbrüllen der schweren 28 cm-Geschütze.

„Muss wohl ein Bomber gewesen sein, den die Flak erwischt hat", denkt sich Fein. „Da ist keiner mehr rausgekommen."

Stundenlang fahren die Schiffe nun schon in einer gewaltigen Feuerzange, stundenlang hämmern die Flak-Waffen, fallen Bomben, prasseln Garben aus Bordwaffen über die Decks. Stundenlang durchfurchen nun die deutschen Jagdflugzeuge bereits die diesige Luft über dem Wasser, in dem Teile von Flugzeugen und hilflose Menschen treiben.

„Wenn es doch nur bald Nacht werden würde. Vielleicht würde dieser Feuerzauber dann endlich ein Ende nehmen", geht es Fein durch den Kopf, während rund um ihn die Flak-Granaten in den Himmel steigen.

Wieder einmal fliegt ein britisches Torpedoflugzeug einen Angriff gegen die *Gneisenau*.

Fein beobachtet, wie sich glühende Schnüre um das Flugzeug wickeln. Es ist bei weitem nicht der erste Angriff dieser Art auf das Schlachtschiff.

Ruhig und überlegt gibt Kapitän zur See Otto Fein seine Befehle. Mit einem gekonnten Manöver weicht das Schiff dem Oberflächenläufer aus.

Zeitgleich stürzen sich andere Bomber auf die *Prinz Eugen*. Aber auch diesmal bleibt der schwere Kreuzer unbeschädigt.

Der Befehlshaber Admiral Ciliax muss wieder umsteigen, nachdem er schon am Vortag die havarierte *Scharnhorst* verlassen musste. Der Zerstörer *Z 29*, auf den er wechselte, hat nun bei der Abwehr eines Schnellbootangriffs einen Rohrkrepierer erlitten und es kam durch Splitterwirkung zu Ausfällen in der Maschinenanlage. Der Zerstörer hat kaum mehr Fahrt. Auf der Nock erscheinen Blinksignale. Nach einiger Zeit löst sich die Silhouette eines Zerstörers aus dem Dunst. Es ist unverkennbar, dass sich das Schiff *Z 29* nähert.

Der Admiral und der Jagdfliegerführer steigen nun in einen Kutter, um zu dem in der Nähe wartenden Zerstörer *Z 7 Hermann Schoemann* umzusteigen.

Mit unbeweglichem Gesicht sitzt der Befehlshaber der Schlachtschiffe in dem kleinen Boot. Rings um die Schiffe nimmt der Lärm der Schlacht wieder zu.

Man hört das Brüllen der schweren Geschütze und dazwischen immer wieder das Hämmern der Flak. Inmitten dieses Feuerzaubers fährt die kleine Nussschale mit den hohen Offizieren über das Wasser. Dennoch gelingt die Überfahrt.

In der Nähe fährt das Flaggschiff *Scharnhorst* mit hoher Fahrt nach Norden. Die durch die Mine verursachten Schäden hatten den Riesen nur aufhalten können, aber nicht dauerhaft lahmlegen.

Der Flottenverband befindet sich um 19 Uhr im Anmarsch auf die Friesischen Inseln.

Es beginnt die Abenddämmerung. Den Jagdschutz übernehmen nun wieder die Nachtjäger vom Typ Messerschmitt 110. Die Tagjäger können sich nun nach diesem Dauereinsatz endlich zurückziehen.

Luftangriffe durch Bomber und Torpedojäger bleiben jedoch aus.

Die Nacht hat sich nun über die Schiffe des deutschen Flottenverbandes gesenkt, der mit Nord-Nord-Ost-Kurs an der holländischen Küste entlangfährt.

Die Männer auf den Schiffen befinden sich seit nunmehr 13 Stunden ununterbrochen auf Gefechtsstation. Seit dem Auslaufen erfüllen sie ihre Aufgaben und seit rund sechs Stunden ist der Tod ihr Nachbar. Nun jedoch, da sie die Kanalenge hinter sich gelassen haben, durchflutet sie Hoffnung, dass das Unternehmen nun doch gelingen und der Flottenverband seine Bestimmungshäfen erreichen würde.

Auf der Kapitänsbrücke der *Gneisenau*, im Navigationsraum, im Artillerie-Leitstand, in den Geschütztürmen und an den Flugabwehrgeschützen, an den Munitionsaufzügen und überall, wo die technische und taktische Maschinerie des Schlachtschiffgiganten die Routine und Einsatzbereitschaft von Menschen erfordert, macht sich mit dem Aufkommen der Nacht eine gewisse Erleichterung bemerkbar.

Nun fährt man wenigstens nicht mehr auf dem Präsentierteller wie eine riesige Zielscheibe.

Mit der Dunkelheit ist dem deutschen Flottenverband ein Bundesgenosse zur Hilfe gekommen, dessen Existenz den Männern wenigstens eine Atempause ermöglicht.

Dennoch gibt sich Kapitän zur See Otto Fein auch in dieser Stunde keiner allzu großen Illusion hin.

Natürlich spürt er in seinem Inneren bereits jetzt schon eine gewisse Genugtuung über den gelungenen Kanaldurchbruch, dennoch weiß er, dass in diesem nun beginnenden Nachtmarsch noch so manche Überraschung auf sie warten kann.

Es ist leicht vorstellbar, dass der Feind alles versuchen wird, die Fahrt des Verbandes nach besten Kräften zu erschweren, wenn nicht gar doch noch zu einer Katastrophe zu führen.

Noch ist man nicht in deutschen Gewässern.

Noch ist der große Streich nicht endgültig gelungen.

Aus der Ferne dringt das Dröhnen von Flugzeugmotoren an das Ohr des Kapitäns.

„Es müssen schwere, mehrmotorige Maschinen sein", denkt sich Fein.

Die Flak schweigt, der Kapitän gibt keine Feuererlaubnis.

Irgendwo in der Ferne verklingt das dunkle Brummen der starken Motoren.

Die Flugzeuge haben Nord-Ost-Kurs.

Von Zeit zu Zeit lösen sich dicke, runde Körper aus ihren Rümpfen und klatschen auf das Wasser – Minen!

Pausenlos sinken die gefährlichen Sprengkörper in das Fahrwasser, durch das in einigen Stunden die Schiffe fahren müssen.

Die deutschen Nachtjäger heften sich an die englischen Flugzeuge.

Manchmal können die Männer auf den Schiffen das Hämmern der Bordgeschütze vernehmen.

Unter den Flugzeugen durchpflügen die Buge der Schiffe die finstere See.

Es sind dunkle, riesige Schatten, die von einem Rudel Wachhunde in Form von Zerstörern, Torpedobooten und anderen Schiffen umkreist werden.

Todesmutig kreuzen die Minensucher durch die Nacht, um die Straße des Todes zu zerstören, welche die feindlichen Minenflugzeuge errichtet haben.

Gegen 21 Uhr wird die *Gneisenau* von einer schweren Detonation erschüttert. Eine der zahlreichen Grundminen findet ihr Ziel. Die *Gneisenau* läuft auf eines dieser Teufelseier. Durch die Erschütterung fallen alle Sicherungen aus. Das Schiff hat für die nächste Zeit keinen Strom. Waffen und Maschinen sind für kurze Zeit nicht nutzbar.

Nach einer Viertelstunde kann die *Gneisenau* wieder weiterlaufen. Es sind keine sichtbaren Schäden zu erkennen.

Trotz der immensen Gefährlichkeit sind die Sprengstoffträger für die schweren Einheiten nichts im Vergleich zu der Hölle des Feuerzaubers, den der vergangene Tag gebracht hat.

Nur noch Stunden kann es jetzt noch dauern, bis die Elbmündung erreicht wird.

Was sind diese wenigen Stunden gegen den Tag, der hinter den tausenden von Matrosen und Offizieren liegt.

Die *Scharnhorst* erhält um 22.35 Uhr einen zweiten Minentreffer. Die Besatzung
des Flaggschiffs erlebt zum zweiten Mal den Schrecken einer Grundminenexplosion. Wieder erbebt das Schiff unter solch einer Detonation.

Wieder stoppen die Maschinen und wieder bangen die Männer.

Aber auch dieses Mal erweist sich der stählerne Riese als stärker. Der Schaden verursacht den Einbruch von

1.000 Tonnen Wasser. Das Schiff läuft, nachdem der entstandene Schaden einigermaßen behoben ist, mit eigener Kraft weiter.

Die Motorengeräusche der englischen Flugzeuge reißen nicht mehr ab, bis der Flottenverband die deutschen Gewässer erreicht hat und auf ihre jeweiligen Bestimmungshäfen zusteuert.

Der Kampfverband als Ganzes hat sich nun aufgelöst, da bei den Ausweichmanövern der einzelnen Schiffe und Boote bei der sich ständig wechselnden Gefechtslage und der hohen Fahrstufe ein Formationshalten nicht mehr möglich ist.

Mit dem Hellwerden am 13. Februar 1942 ist der Verlegungsbefehl ausgeführt.

Die *Gneisenau* und die *Prinz Eugen* gehen um 3.44 Uhr vor der Elbmündung vor Anker, die *Scharnhorst* marschiert nach Wilhelmshaven, die Zerstörer nehmen Kurs auf Wesermünde und die Torpedo- und Schnellboote zunächst auf Helgoland.

Die drei schweren Einheiten haben trotz der Minentreffer auf den beiden Schlachtschiffen keine nennenswerten Schäden erlitten. Auch Personalverluste sind nicht zu verzeichnen, wenn man von den Verwundungen durch Splitter, Schrapnellen oder Querschlägern absieht. Doch all diese Verwundungen sind unerheblich.

Die Sicherungskräfte haben ein Minensuchboot bei der Vorbereitung und eines beim Unternehmen selbst verloren.

Besonders zu erwähnen ist die Leistung der Flugabwehr des Schlachtschiffes *Gneisenau*. Sie erzielt im Unternehmen *Donnerkeil-Cerberus* insgesamt fünf bestätigte und anerkannte Abschüsse.

Das Unternehmen *Cerberus*, eines der größten Husarenstücke der Seekriegsgeschichte, hatte sein erfolgreiches Ende gefunden. Es war ein harter Schlag für das englische Prestige.

Nach englischen Angaben waren beim Durchbruch während der teils sehr heftigen Luftkämpfe rund 250 Kampfflugzeuge und 15 Jagdgruppen beteiligt.

Durch deutsche Jäger und Bordflak wurden mindestens 60 Maschinen abgeschossen. Ein viel größerer Teil wurde beschädigt.

Es gelang nur etwa 40 angreifenden Maschinen der Royal Air Force zum direkten Angriff anzutreten, ohne allerdings ihre Bomben oder Torpedos ins Ziel zu bringen. Der Rest der eingesetzten Maschinen wurde durch die Flugabwehr der schwimmenden Einheiten oder durch die deutschen Focke-Wulf und Messerschmitt-Jagdflugzeuge erfolgreich abgedrängt.

Von den rund 300 deutschen Maschinen, welche die Flotte abschirmten, gingen 17 verloren.

Die Kriegsmarine verzeichnete 13 Gefallene und 68 Verwundete, die Luftwaffe hatte elf Flugzeugführer als Gefallene zu beklagen.

Seit 250 Jahren war es das erste Mal, dass eine feindliche Flotte den englischen Kanal durchbrochen hatte. Selbst der englische Gegner empfand das Unternehmen *Cerberus* und die damit verbundene Leistung der Kriegsmarine und Luftwaffe als ungeheuerlich und sensationell.

Einen ganzen Tag und eine lange Nacht befand sich der Kampfverband im Wirkungsbereich massiver feindlicher Angriffe und erreichte dennoch sein Ziel.

Trotzdem kann der Erfolg nicht darüber hinwegtäuschen, dass mit diesem kühnen Unternehmen der strategische Rückzug der deutschen Kriegsmarine eingeleitet wurde.

Beim Hellwerden am 13. Februar 1942 geht die *Gneisenau* zur Fahrt durch den Kaiser-Wilhelm-Kanal nach Kiel ankerauf. Am nächsten Morgen geht sie sofort ins Schwimmdock, um die beim Unternehmen *Donnerkeil-Cerberus* erlittenen Schäden beseitigen zu lassen. Normalerweise muss vor einem Docken alle Munition von Bord gegeben werden.

Da jedoch geplant ist, dass die *Gneisenau* nur zwei Wochen im Dock bleiben soll, wird auf eine Abgabe der Munition, um sie zwei Wochen später wieder an Bord nehmen zu müssen, verzichtet. Es werden lediglich die Zünder aus den Granaten entfernt.

Nach dem Aufschwimmen des Docks werden die am 6. Januar 1942 in Brest im Trockendock und bei dem Minentreffer am 12. Februar 1942 entstandenen Schäden untersucht und weiterhin als geringfügig angesprochen.

Der geplanten Instandsetzung innerhalb der veranschlagten zwei Wochen sollte demnach nichts entgegenstehen.

Am 26. Februar erleidet Kiel einen schweren Luftangriff durch die Royal Air Force. Kurz vor Mitternacht kommt es zu einem folgenschweren Bombentreffer. Die Folgen sind verheerend.

Die Bombe durchschlägt das Oberdeck, das Batteriedeck und trifft das Panzerdeck an einer Stelle, an der die Entlüftung der darunter liegenden Pulverkammer herausgeführt wird.

Die Bombensplitter und einige aus dem Deck herausgestanzte Eisenstücke treffen auf die Kartuschen und entzünden das Pulver.

Es kommt zu einer Kettenreaktion durch stichflammenartige Pulverbrände, die sich über die in der Kartuschenkammer gelagerten Kartuschen und in den benachbarten Pulvermengen fortpflanzen.

Der gesamte Pulvervorrat des Turms *Anton* gerät in Brand. Der Druck breitet sich ebenfalls explosionsartig aus. Durch diesen immensen Druck wird der drehbare Teil des Turms aus seinem Drehkranz in die Höhe gehoben. Er dreht sich um einige Grad und fällt wieder in die Barbette, doch gleitet er nicht wieder in den festen, äußeren Radkranz an der Barbette zurück.

Ein anderer Teil der Gase sucht sich einen Ausweg im Batteriedeck, wo er sich nicht nach den Seiten oder nach vorne ins Freie ausbreiten kann, sondern nur nach oben. Dort hebt er eine etwa 6 Meter breite und über das ganze Oberdeck von Backbord nach Steuerbord reichende dicke Eisendecksplatte an der Schweißnaht von der nach vorn anschließenden Decksplatte, die abbricht und um 180 Grad nach hinten schlägt.

Alle Männer, die sich im Turm *Anton* befanden, sind sofort tot. Außer der Turmbesatzung haben sich dort noch weitere Personen aufgehalten. Darunter befanden sich Wachpersonal, Urlauber und andere Angehörige des Wartungspersonals.

Auch andere Männer, welche dienstlich unter Deck waren, ereilt der Tod. So der Oberpumpenmeister Schwarz und seine Leckgruppe. Diese waren auf Befehl des IO zum Fluten des Turms *Anton* nach vorne geeilt.

Sie legten die unten befindlichen Flottenatmer an, öffneten See- und Flutventile und fluteten den Turm.

Für längeres Arbeiten hatten sie Reserve-Sauerstoff-Flaschen bei sich.

Das komplette Vorschiff inklusive Turm *Anton* ist nach diesem verheerenden Treffer ausgeglüht. Es ist daher nicht mehr instand zu setzen.

Insgesamt fallen 112 Männer bei diesem Angriff. Sie werden am 4. März 1942 auf dem Kieler Ehrenfriedhof beigesetzt.

Nun werden alle Vorbereitungen getroffen, um das Schiff in einigen Wochen zur Wiederherstellung nach Gotenhafen zu verlegen. Der völlig zerstörte und ausgebrannte Turm *Anton* wird aus seiner Barbette herausgehoben und das verbogene und verschobene Oberdeck wieder gangbar gemacht. Die Wohndecks werden wieder für die Besatzung hergerichtet. Die durch den Brand zerstörten oder angebrannten Oberdecksteile werden frisch gestrichen und das Schiff wird Mitte März 1942 in die Wik verlegt.

In Gotenhafen soll die *Gneisenau* wieder voll instand gesetzt werden. Darüber hinaus soll sie nun endlich auf 6 x 38 cm Doppeltürme umarmiert werden. Das bedeutet, dass sie letztendlich mit dem Kaliber ausgerüstet werden soll, welches von Anfang an für die *Gneisenau* und ihr Schwesterschiff *Scharnhorst* geplant war. Um dieses Unterfangen zu realisieren, muss sie um mindestens 10 Meter verlängert werden.

Am 4. April 1942 verlässt die *Gneisenau* die Wik. Vor ihr fahren der Eisbrecher *Castor* und der Linienschiff-Veteran *Schlesien*. Die *Gneisenau* ist völlig seeklar, Schiffskörper und Maschinen haben durch den Bombentreffer nicht gelitten. Das Schlachtschiff fährt mit eigener Kraft nach Gotenhafen. Sie steht nun unter dem Kommando von Kapitän zur See Rudolf Peters, der vorher Erster Offizier des Schlachtschiffes war.

Kapitän zur See Otto Fein wurde unter anderem für den erfolgreichen Kanaldurchbruch mit dem Deutschen Kreuz in Gold ausgezeichnet, zum Konteradmiral befördert und zum Chef des Stabes im Marineoberkommando Norwegen ernannt.

In Gotenhafen angekommen, wird das Schiff sogleich in das Marinearsenal geschleppt. Der mit der Wahrnehmung der Geschäfte beauftragte Kommandant Kapitän zur See Rudolf Peters bereitet die Außerdienststellung vor. Ein Teil der Besatzung wird abkommandiert.

Am 1. Juli 1942 wird die *Gneisenau* außer Dienst gestellt und die Kriegsflagge eingeholt. Mit der Wahrnehmung der Geschäfte als Kommandant wird nun Fregattenkapitän Wolfgang Kähler beauftragt, welcher vormals Leitender Ingenieur auf dem Schlachtschiff war. Kapitän zur See Rudolf Peters wird ab 23. Juli 1942 zum Chef der 24. U-Boot-Flottille ernannt.

Für die Instandsetzungsarbeiten wird ein Jahr veranschlagt. Nach der Schlacht in der Barentssee und dem daraus folgenden Außerdienststellungsbefehl Adolf Hitlers werden nach einem halben Jahr die Werftarbeiten eingestellt.

Die noch intakten Geschütze der Artillerie werden zum Großteil zum Küstenschutz andernorts verwendet und an Land aufgestellt. Turm *Bruno* wird als *Festung Fjell* auf der Insel Sotra vor Bergen installiert. Der Turm *Cäsar* und ein Entfernungsmesser werden als *Batterie Örland* auf der gleichnamigen Halbinsel nahe des norwegischen Hafens Drontheim im Drontheimfjord installiert, um ein Annähern an den Hafen zu verhindern. Später wird diese Küstenbatterie als *Festung Agdenes* umbenannt.

Die drei Geschütze des zerstörten Turms *Anton* werden bei Hoek van Holland in den Niederlanden in schwach gepanzerten Einzeltürmen als *Batterie Rozenburg* verwendet und verstärken dort den *Atlantikwall*.

Zwei Geschütztürme der 15 cm-Mittelartillerie kommen auf die dänische Insel Fano. Andere Geschütze der Mittelartillerie gelangen nach Wangerooge und werden dort in den Batterien *Jade* und *Jade-Ost* verwendet.

Zwei der für den Umbau bereits fertiggestellten 38 cm-Türme werden 1944 an der Westküste Dänemarks in der Nähe der Ortschaft Blavand unter dem Namen *Batterie Tirpitz* aufgestellt, können aber vor Kriegsende nicht mehr vollendet werden.

In der Zwischenzeit wird die *Gneisenau* in Gotenhafen weiter ausgeschlachtet und als Ersatzteilspender für andere Marineeinheiten verwendet.

Als sich die Rote Armee Gotenhafen nähert, wird die *Gneisenau* in der Hafeneinfahrt als Blockadeschiff von der Restbesatzung am 27. März 1945 gesprengt.

Die Sowjets heben das zerstörte ehemalige Flaggschiff der deutschen Kriegsmarine und verschrotten es im Zeitraum von 1947 bis 1951.

Von der *Gneisenau* wurden insgesamt 14 feindliche Handelsschiffe versenkt oder als Prise aufgebracht.

Ende

Ihre Zufriedenheit ist unser Ziel!

Liebe Leser, liebe Leserinnen,

hat Ihnen unser Buch gefallen? Haben Sie Anmerkungen für uns? Kritik? Bitte zögern Sie nicht, uns zu schreiben. Wir werden jede Nachricht persönlich lesen und beantworten.

Schreiben Sie uns: info@ek2-publishing.com

Wussten Sie schon, dass Sie uns dabei unterstützen können, deutsche Militärliteratur sichtbarer zu machen? Bitte nehmen Sie sich einen Moment Zeit und bewerten Sie dieses Buch online. Viele positive Rezensionen führen dazu, dass das Buch mehr Menschen angezeigt wird.

Sie können somit mit wenigen Minuten Zeitaufwand unserem kleinen Familienunternehmen einen großen Gefallen tun. Vielen Dank für Ihre Unterstützung!

PS: In seltenen Fällen kommt ein Buch beschädigt beim Kunden an. Bitte zögern Sie in diesem Fall nicht, uns zu kontaktieren. Selbstverständlich ersetzen wir Ihnen das Buch kostenlos.

Landser im Weltkrieg – „**Im Bomberstrom**" erscheint im Monat Oktober als E-Book und Taschenbuch überall, wo es Bücher gibt!

Die Messerschmitt-Maschinen jagen aus Überhöhung von 1.000 Metern auf den Pulk zu, der sich zu einem Feuerball aus Abwehrgeschossen entwickelt.

Jeder der Flugzeugführer hat sich einen der Bomber herausgepickt und nimmt ihn aufs Korn.

Nun bricht die berühmte Minute an, in der jeder der Flieger auf sich allein gestellt ist. Eine Minute, in der dem Flugzeugführer keiner der Kameraden beistehen kann, in der sich ein tödliches Duell abzeichnet. Nach dieser Minute muss einer der Duellanten einen furchtbaren Tribut zollen – oder auch beide.

Der deutsche Flugzeugführer hält den Atem an, während seine Daumen und die Zeigefinger die Auslöseknöpfe für die Bordwaffen drücken. Die Maschine wird vom Hämmern der 20 mm-MK und den 13 mm-Maschinengewehren durchgeschüttelt. Vor wenigen Sekunden wanderte die große Feindmaschine in das Reflexvisier und der Leutnant drückte ab.

Riesengroß wie ein Scheunentor steht das Leitwerk der amerikanischen B 17 vor ihm.

Keine Neuerscheinung verpassen und gratis E-Book sichern!

Tragen Sie sich in den Newsletter von EK-2 Militär ein, um über aktuelle Angebote und Neuerscheinungen informiert zu werden und an exklusiven Leser-Aktionen teilzunehmen.

Als besonderes Dankeschön erhalten Sie kostenlos das E-Book »Die Weltenkrieg Saga« von Tom Zola. Enthalten sind alle drei Teile der Trilogie.

Link zum Newsletter:
https://ek2-publishing.aweb.page

Über unsere Homepage:
www.ek2-publishing.com

Landser im Weltkrieg

kaufen!

Direkt zur Serie:

Eine Veröffentlichung der EK-2 Publishing GmbH

Friedensstraße 12
47228 Duisburg
Registergericht: Duisburg
Handelsregisternummer: HRB 30321
Geschäftsführerin: Monika Münstermann

E-Mail: info@ek2-publishing.com
Homepage: www.ek2-publishing.com

Cover/Umschlag: Kayla Pelgrim
Autor: Hermann Weinhauer
Lektorat: Martina Wehr
Buchsatz: Heiko Piller

1. Auflage
Druckhinweis:
Libri Plureos GmbH
Friedensallee 273